現代中国語に見られる
単数／複数／質料の概念

伊藤さとみ

好文出版

序文

東郷雄二
（京都大学人間・環境学研究科教授）

　伊藤さとみさんが京都大学文学部言語学科を卒業して，大学院人間・環境学研究科の修士課程に入学され，私のところで勉強することになったのは平成6年のことである。京都大学の旧教養部は平成3年に改組され，大学院人間・環境学研究科が誕生した。私はここで「言語構造論」という授業科目を担当することになり，まだ文学部の学部生だった伊藤さんは熱心に講義を聴きに来ていて，やがて私の研究室に入って来られた。その主な理由は，当時伊藤さんが興味を持っていたのは談話・機能的言語研究であり，たまたま私が談話・機能的立場を鮮明にした研究や講義を行なっていたためではないかと推測する。伊藤さんの専門分野は中国語学で，私はもともとフランス語学が専門だから，対象言語の共通性ではなく理論的枠組みの共通性を求めてのことだろう。

　大学院に入学後，伊藤さんは順調に修士課程を修了して博士課程に進学し，機会を得て台湾に留学された。台湾はアメリカ帰りの学者が多いので，伊藤さんが形式意味論に興味を持つようになったのは，たぶん台湾留学中ではないかと思われる。その後，伊藤さんは談話・機能的な研究の方向を離れ，形式意味論を用いた中国語の意味論分析に深く傾斜して行くことになる。

　その後伊藤さんは，縁あって沖縄の琉球大学に職を得られた。勉強だけしていればよい大学院生とは異なり，教員になれば講義の準備以外にさまざまな学務に忙殺されることになる。時間の流れがゆるやかな沖縄でもこの事情に変わりはあるまい。就職したときはまだ博士論文の目途は立っていなかったので完成が危ぶまれた時期もあったが，無事完成して博士号を授与され，このたび出版の運びとなったのはまことに喜ばしいことである。

　言語の研究にも流れというものがあり，20世紀前半の構造主義は音韻論と形態論が突出していた。その後の生成文法は言うまでもなく統語論が中心である。しかし最近は意味論と認知的性格の研究が多く見られるようになった。今回出版されることになった伊藤さんの博士論文も，このような大きな流れの中で位置づけられるものだろう。形式意味論は数学，特に集合論から多くの概念を借

りており，技術的性格が強いので難解である。形式意味論の心得のない読者は頭が痛くなるかも知れない。しかし近年，意味論は言語研究に新しい知見を次々にもたらしている。その中心的課題のひとつは，名詞の意味的内部構造の研究であり，伊藤さんの論文もまたそこから出発しているのである。

　英語やフランス語では名詞に冠詞が必要である。それはなぜかというと，裸の名詞は概念しか表わさず，現実の個体に結びつくには何らかの量化が必要だからだと考えられている。ここでは「概念」と言ったが，これは不分明の塊のことで伊藤さんの論文では「質料」(mass)と表現されている。中国には英語やフランス語とはちがって冠詞がない。しかし，中国語で名詞を使うには「一杯茶」のように量詞が必要である。この量詞は冠詞と同じ働きをしている。中国語の名詞はもともとは「質料」しか表わさず非可算的だと考えられる。それを起点として中国語で単数・複数の数のカテゴリーとともに可算性がどのように派生されるかを，伊藤さんは形式意味論を用いて細かく示した。

　しかしこの論文のおもしろさはもっぱら後半にある。名詞に認められる可算・非可算の区別が，実は形容詞・動詞・文終止においても存在し，それらを基本的には同じ原理で扱うことができると伊藤さんは主張している。これはなかなか大胆な仮説で，博士論文の審査会でもいちばん評価が高かったのはこの点である。読者はだんだん大きくなる言語単位について，原理が徐々に拡張されてゆくスリリングな過程を楽しんでいただきたい。この論文は中国語研究にとどまらず，広く言語の意味論研究に新たな一石を投じるものだと確信している。

目　次

序文　　　東郷雄二

第一章　序論 ... 3
　1.1. 研究の背景 ... 3
　1.2. 本書の目的 ... 4
　1.3. 方法論について ... 5
　1.4. 本書の構成 ... 7

第二章　単数／複数／質料の概念 ... 9
　2. はじめに ... 9
　2.1. 名詞の外延 ... 10
　　2.1.1. 可算名詞の外延 ... 10
　　2.1.2. 質料名詞の外延 ... 14
　　2.1.3. 領域間の関係について ... 15
　2.2. 単数／複数／質料的領域の派生－英語と中国語の比較 ... 16
　　2.2.1. 英語の派生 ... 16
　　2.2.2. 中国語の派生 ... 17
　　2.2.3. 中国語の複数名詞 ... 20
　　2.2.4. 状況依存的原子化と複数化 ... 24
　　2.2.5. 状況とは ... 26
　2.3. まとめ ... 28

第三章　裸名詞 ... 31
　3. はじめに ... 31
　3.1. 裸名詞の指示対象 ... 32
　3.2. 先行する研究 ... 35
　　3.2.1. 裸名詞句の解釈 ... 35
　　3.2.2. 裸名詞の解釈の派生 ... 37
　　3.2.3. 形式意味論の枠組みからの説明 ... 39
　3.3. 提案 ... 43
　　3.3.1. 非一回性の文脈 ... 43
　　3.3.2. 一回性の文脈 ... 47

3.4. 状況項を含んでいることの根拠	48
3.4.1. 指示詞、量化詞との非共起性	49
3.4.2. モーダルの作用域との相互作用	53
3.5. まとめ	53

第四章　量詞の機能　　　　　　　　　　　　　　　　55

4. 量詞	55
4.1. 類別詞(classifiers)と計量詞(massifiers)	56
4.2. 先行する研究	58
4.2.1. 従来の分析	58
4.2.2. 問題点	60
4.3. 提案	62
4.4. 数量詞を伴った名詞句の解釈	63
4.5. 数量詞が付加される環境	66
4.5.1. 現象の説明	66
4.5.2. 検証	70
4.6. 非量詞の「个」	73
4.6.1. 非量詞の「个」とは	74
4.6.2. 先行研究	77
4.6.3. 非量詞の「个」の出現文脈	79
4.6.4. 主張	81
4.7. 形容詞に付加される非量詞	83
4.8. まとめ	85

第五章　形容詞　　　　　　　　　　　　　　　　　　87

5. はじめに	87
5.1. 形容詞の意味論	88
5.1.1. 個体の集合	88
5.1.2. 順序づけられた個体の集合	89
5.1.3. 個体から程度への関数	92
5.1.4. 質料性との対応	94
5.2. 二種類の形容詞	95
5.3. 中国語の形容詞の意味論	102
5.4. 検証	106
5.4.1. 名詞との結びつき	106

　　　5.4.2. 副詞の修飾 ... 113
　5.5.「的」の働き ... 113
　　　5.5.1. 先行研究 ... 114
　　　5.5.2.「的」を用いた修飾 ... 115
　5.6. まとめ ... 117

第六章　動詞 ... 119
6. 中国語動詞の指示対象 ... 119
　6.1. 中国語動詞と進行形パラドックス ... 120
　　　6.1.1. 中国語動詞の特性－副詞の修飾 ... 120
　　　6.1.2. 中国語動詞の特性－非結果性 ... 124
　　　6.1.3. 進行形パラドックス ... 128
　6.2. 中国語の動詞 ... 130
　　　6.2.1. 単純完成動詞 ... 130
　　　6.2.2. 複合的完成動詞 ... 133
　　　6.2.3. 裸動詞の出現する文脈 ... 135
　　　6.2.4. 副詞が裸動詞を修飾する場合 ... 137
　6.3. まとめ ... 139

第七章　文終止の問題 ... 141
7. 文の解釈 ... 141
　7.1. 文終止の問題 ... 142
　　　7.1.1. 文終止成分 ... 142
　　　7.1.2. 先行研究 ... 144
　7.2. 提案 ... 146
　　　7.2.1. 命題とは何か ... 147
　　　7.2.2. 文終止成分の機能 ... 149
　　　7.2.3. 他の文終止条件 ... 155
　7.3. まとめ ... 160

参考文献 ... 161

あとがき

現代中国語に見られる
単数／複数／質料の概念

凡　例

記　号

* 非文法的表現
? 許容性にゆれのある表現
それ自体は文法的に容認されるが、前後の文脈とのつながりが不適切である文
＊ 独立した文としては不適切な文

略　号

Mod.　名詞修飾のマーカー

Cop.　コピュラ

Deg.　動作の様態・状態の程度を表す節を導く形態素

Cl.　類別詞（日本語で対応する類別詞がない場合にのみ表記）

CRS　変化を表す文末助詞

完了　完了を表すアスペクト助詞

進行　動作が進行中であることを表すアスペクト助詞

経験　その動作を経験したことを表すアスペクト助詞

持続　状態の持続を表すアスペクト助詞

語気　語気をあらわす接辞

第一章　序論

1.1. 研究の背景

　1980年代より90年代にかけて、名詞の外延の精密な定義は、「質料名詞の問題」、「複数性の問題」、「分配性の問題」として広く研究されるようになった。
　まず、質料名詞は非可算名詞、つまり、数える単位を持たない対象であり、以下のような特性を持っている。

(1)　1. 累積性：xがAに属し、yもAに属する時、{x, y}もAに属する。
　　　2. 均一性：xがAに属する時、xのどの下位部分もAに属する。

この二つの特性は、集合論に基づいて定義された論理学的外延の考え方によっては説明できない。
　「複数性の問題」は複数名詞の外延がどのように定義されるかという問題である。まず、単数名詞が個体の集合として扱われる以上、複数名詞は個体の集合の集合としてとらえられるのが自然な推論である。しかし、この分析では、定名詞句の定義の問題が生じてくる。定単数名詞は、唯一性の前提、即ち、その名詞句で表される属性を持つものが、その状況において唯一に決まるという前提を持つ。ところが、対象が複数である場合、どのように「唯一」と決定されるのかが問題となる。

一方、「分配性の問題」は、単数個体でなく、集合を項として取る動詞について生じる問題である。例えば、「子供達は船を造った」において、その動作に参加した各個体がそれぞれ一つの船を造る場合と、全員で協力して一つの船を造る場合とがある。これらの問題に関する議論から、単数名詞、複数名詞、質料名詞の外延についての定義をまとめると、以下のように述べることができる。

(2) a. 単数名詞、複数名詞、質料名詞は異なる外延を持つ。
　　b. 単数名詞の外延は個体の集合からなる。　例：{ a, b, c, ... }
　　c. 単数名詞の外延をAという集合とするならば、これに対応する質料名詞の外延はAに含まれる個体から形成されるすべての集合からなる集合である。　例：{ {a}, {b}, ..., {a,b}, {b,c}, ..., {a,b,c} ... }
　　d. 複数名詞の外延は質料名詞の外延から、単数名詞の外延を引いたものである。　例：{ {a,b}, {b,c}, ..., {a,b,c} ... }

複数名詞と質料名詞の外延を以上のように定義することにより、(1)の特性を説明することができる。また、定の定義をその外延にあるもっとも大きな集合と指定すれば、定複数名詞や定質料名詞の唯一性前提の問題が解決される。さらに、個体の集合の集合からなるのであるから、どの集合を取り出すかにより、動詞の表す動作をどのグループが行うかを指定することもできる。

1.2. 本書の目的

　本書は、前節で述べた研究を踏まえ、中国語では、単数、複数、質料の概念がどのように現れているかを検証する。この概念が大きな役割を担っている現象の一つに、文の成立／不成立の現象がある。中国語は、文を定義するための形態的手段を持たないため、文の概念を形態的に定義することは難しい。だが、中国語話者の直感には、同じ主語と述語からなる文であっても、完全な文と不完全な文の区別がある。例えば、同じ他動詞文であっても、目的語名詞が数量詞を伴っていれば、中国語の陳述文として認められるが、裸では、認められない。ただし、

命令文の語気を伴えば命令文として認められる。また、同じ形容詞述語文でも、程度副詞を伴っていれば陳述文として認められるが、裸では認められない。ただし、比較文としては認めれらる。名詞や形容詞が単独で現れている場合と、そこになんらかの限定が加わった場合とでは、完全な文として認められる場合に違いがあるのである。本書では、この問題を非可算／可算の区別と要素間の結びつきにかかる制限により説明を試みる。単数、複数、質料の区別は、従来、名詞の形態的な違いを表すために用いられてきたものだが、本稿では、これらの区別が、名詞と形容詞の結びつきに見られる制限、名詞と動詞の結びつきに見られる制限などの、具体的な言語現象となって現れていることを示す。それらの制限の結果として、中国語の文の成立／不成立が説明できるのである。

1.3. 方法論について

本書の分析は、形式意味論（真理条件的意味論）の方法によっている。これは、次の構成性の原理に基づいていると言うことである。

(3) 構成性の原理：全体の意味は、その部分の意味とそれら部分がどのように組み合わされるかにより決定される。

例えば、文の意味は、その文を構成するものを組み合わせてのみ得られる。本書では、意味として、個体（タイプ e）と真理値（タイプ t）を基本とする。この二つは組み合わせにより、名詞（タイプ <e, t>）、自動詞（タイプ <e, t>）、他動詞（タイプ <e, <e, t>>）など、いろいろな意味を表すことができる。以下に定義を述べる。

(4) 意味タイプ[1]
 a) e と t は意味タイプである。
 b) σ と τ が意味タイプならば、<σ, τ> は意味タイプである。

(5) 各タイプの外延
 a) D_e = 個体の集合
 b) D_t = {0,1} (真理値)
 c) すべての σ と τ について、$D_{<σ,τ>}$ は $D_σ$ から $D_τ$ への関数の集合。

すべての言語的表現は、上記に定義された意味を持ち、その意味タイプに基づいて他の表現と組み合わされる。組み合わせの方法には、関数適用と述語修飾という二つの方法がある。

(6) 関数適用：すべての $α ∈ D_{<γ,δ>}$、$β ∈ D_{<γ>}$ に対して、
$$α(β) ∈ D_{<σ>}$$

(7) 述語修飾：すべての α、β に対し、α と β が同じ意味タイプならば、
$$αβ → α ∧ β$$

関数適用は動詞と目的語、主語と述語などの組み合わせに用いられる、述語修飾は形容詞の名詞修飾に主に見られ、本書では第五章で用いられる。要素同士のタイプが合わないと、それ以上構造を作ることができず、文は成立しない。ただし、どちらかの要素のタイプを変換することにより、タイプミスマッチを解消することは可能である。この操作はタイプシフトと呼ばれる。本書では、第二章での可算名詞の派生を始め、幾つかのタイプシフトが提案される。

---

[1] 意味タイプには、ここに挙げた以外に、状況、及び可能世界と時間がある。第二章で状況を導入し、第六章で、この状況をより細かく分けて可能世界と時間という意味タイプを導入する。

1.4. 本書の構成

　本書の構成は以下の通りである。次の第二章では、単数／複数／質料の概念について論じる。始めに述べられるのは単数／複数／質料それぞれの定義である。(2) に述べたように、単数とは、原子、即ちそれ以上に分割できない個体からなる集合であり、質料とは、原子の集合からなる集合である。後者は包含関係により規定された順序集合であり、それが (1) の特性を生む。一方、複数とは、質料の領域から原子を引いたものである。ここでは、この定義をもとに、中国語においては質料的領域が基本となり、そこから単数及び複数を表す表現が派生されることを示す。具体例としては、量詞が統語的に名詞を修飾すると単数の領域が、語彙的に修飾すると複数の領域が得られる。

　第三章と第四章では、第二章での定義と派生関係を踏まえ、中国語の名詞と名詞句を考察する。まず、第三章では、数量表現や修飾語を伴わない普通名詞（裸名詞）を論じる。始めに、中国語の裸名詞には、類名、定、不定、総称、非指示の五つの解釈があることを示し、これらの解釈がどのようにして導かれるかを見る。類名の解釈については、類名が質料的領域で表されることから導かれ、残り四つは、文の表す出来事が一回性かどうかと、文中の位置によってある程度決定される。本稿では、質料的領域から状況を含んだ形で個体の集合を取り出す派生を仮定し、文脈が名詞の解釈に与える影響を説明する。第四章では、数量詞を伴う名詞句を考察し、量詞の働きを質料的領域から個体の集合を取り出す働きであると規定する。量詞によって取り出された個体は、状況項を含まず、よって、状況依存的ではない。この違いが、裸名詞との分布上の違い、即ち、[VX-N] という構造における N 部分に自由に現れることができるかどうかの違いを引き起こしていることを示す。

　第五章と第六章では、名詞以外の要素に見られる可算／非可算の違いを示す。第五章では、形容詞について考察する。中国語の形容詞には性質形容詞と状態形容詞の二種類があり、それぞれ異なる振る舞いを見せる。ここでは、性質形容詞は個体から程度インターバルへの関数であり、状態形容詞は個体から真理値への関数であると仮定すると、両者の振る舞いの違いを説明できることを示す。なお、この定義に基づくと、性質形容詞はインターバルの集合、即ち質料的領域を表し、状態形容詞は個体の集合、即ち可算的領域を表しているということができる。この点において、性質形容詞と状態形容詞の区別は、裸名詞と数量詞を伴った名詞

句の区別に対応する。第六章では、動詞を考察する。補語を伴わない裸の動詞と、補語を伴う動詞とは、幾つかの点で異なる振る舞いを見せる。その違いをもとにすると、中国語の裸の動詞は時間インターバルについて真理値を決定し、補語を伴う動詞は時間点について真理値をはかるということができる。インターバルは質料的構造を持つため、裸動詞はこの点において質料的特性を持つということができ、補語を伴う動詞は点を基本にしていることから、可算的領域に属するということができる。従って、動詞のカテゴリーにも、裸名詞と数量詞を伴った名詞句の区別に対応するものがあると言える。

　最後に、第七章では、中国語学の分野でよく論じられてきた文終止の問題を取り上げる。文終止の問題とは、中国語において主述構造が常に完全な文と同義ではなく、文中に現れる副詞や助詞、文脈などの助けを借りてようやく文が完全に終止したと感じられるという現象を指す。この章では、この現象が目的語名詞句、動詞、形容詞の特性、及び文の持つモーダル特性という、複合的要因によって引き起こされており、第三章から第六章までで定義した名詞、形容詞、動詞の定義を用いれば、この現象の説明が可能になることを示す。第三章から第六章までは、一つ一つのカテゴリーに対する説明であったが、これらのそれぞれ別個のカテゴリーが持つ特徴が関連しあいながら、文の成立不成立を決定するのである。

第二章　単数／複数／質料の概念

2. はじめに

　中国語では、形態的に明示された形で単数／複数の区別をすることは非常に少ない。本稿の論じる単数／複数も、形態的な区別を指すのではない。概念としての単数／複数の区別を指す。また、質料とは、単数／複数を区別しない領域を指す。単数／複数と質料とは、前者が可算的、後者が非可算的という対立を成している。

　近年、形式意味論の枠組みの中で、従来の単数中心のアプローチに対し、複数および非可算名詞の表しているような質料の概念をも取り込んだアプローチが発展してきたが、本稿では、この近年のアプローチを踏まえ、中国語の裸名詞と数量詞を伴った名詞句がそれぞれ表している概念、および同様の区別が形容詞や副詞にも見られることを明らかにする。

　これまでにも、中国語に単数／複数の区別をする領域と、そう言った区別をしない質料的領域の対立が見られることは指摘されてきた。例えば、沈家煊 1995 では、動詞、名詞、形容詞など、各カテゴリーに、区切られているか（有界）区切られていないか（无界）の区別が見られることを述べている。朱德熙 1956 は形容詞について、量の概念を含まないものと、含むものの区別を提唱しており、同様に石毓智 1991 では、この区別を「定量」と「非定量」と命名している。石毓智 1992 では、二つの否定形式の使い分けがこの区別を体現することも観察している。

本稿では、中国語では、どのカテゴリーにあっても、質料性が基本となり、そこから単数及び複数を表す表現が派生されることを示す。

以下、単数／複数／質料の各概念についての形式的な定義を述べる。

2.1. 名詞の外延

この節では、従来の単数可算名詞を中心にした分析に対し、複数可算名詞及び質料名詞の外延を適切に定義しようとする近年の試みを紹介する。2.1.1.では複数可算名詞の外延が束構造として定義できることを説明し、2.1.2.では同じ構造に個体を付け加えると、質料名詞に適用できることを示す。最後、2.1.3.では、これらの領域間の関係について論じ、各領域がどのように派生されるかについての提案を行う。

2.1.1. 可算名詞の外延

従来、述語論理の枠組みにおいては、普通名詞の外延は、その名詞の表す属性を持つ個体の集合として捉えられてきた。例えば、"student" という普通名詞の外延は、学生である個体の集合である。そこで、"John is a student." という文は、"John" という名前の個体 "j" が "student" である個体の集合に含まれる、ということを表していると考えられる。

(1) $j \in \{x \mid x$ は学生である$\}$

単数普通名詞については、その表す集合は比較的単純に捉えられる。しかし、複数の対象を指す名詞句を扱おうとするとき、個体の集合ということでは捉えることができず、集合の集合という概念を考える必要が生じる。例えば、"John and Mary are students." の場合、"students" に単数形と同じ外延を考えることはできない。$\{j, m\}$ という集合は $\{x \mid x$ は学生である$\}$ に要素として含まれないからである。

(2) $\{j, m\} \notin \{x \mid x$ は学生である$\}$

よって、{j, m} が "students" の外延に含まれるように、その外延を定義し直すと次のように考えることができる。

(3) {j, m}∈{{x, y} | x と y は学生である}

だが、集合は二つの要素からのみなるとは限らない。"John, Mary, and Suzy are students." では、"students" の外延として {{x, y, z} | x と y と z は学生である} を仮定しなければならなくなるだろう。このように、主語になる要素の数により、複数普通名詞が異なる外延を有しているというのは、一般性に欠ける定義である。そこで、これら異なる要素数からなる集合を集めたもの全体を複数名詞の外延として定義しよう。こうすることで、主語がいくつの要素からなっていても、述語として複数名詞を使うことができるようになる。この集合の集合は、個体の観点から見ると、対応する単数普通名詞の外延にあるすべての個体を用いて作られた集合の集合（べき集合）から、個体一個のみからなる集合と空集合を除いたものに相当する。例えば、"student" に以下のような外延を仮定すると、それに対応する複数形 "students" の外延は次のようなる。

(4) a. student → {a, b, c, d}
    b. students → { {a, b}, {a, c}, {a, d}, {b, c}, {b, d}, {c, d}, {a, b, c}, {a, b, d}, {a, c, d}, {b, c, d}, {a, b, c, d} }

このようにして作られた複数普通名詞の外延は、幾つの個体からなる集合をも、そのうちに含んでおり、よってすべての複数の事物に対応できる。

ところで、べき集合としての複数普通名詞の外延は、単なる個体の集合である単数普通名詞の外延とは明らかに異なる特性を持つ。それは、その集合を構成する要素間に包含関係（≦）があることである。今、包含関係を上下関係で表す、即ち、上にある要素が線で結ばれた下の要素を、要素一個分の差で包含するように表すと、次のような図が得られる。

(5) 複数可算名詞の外延

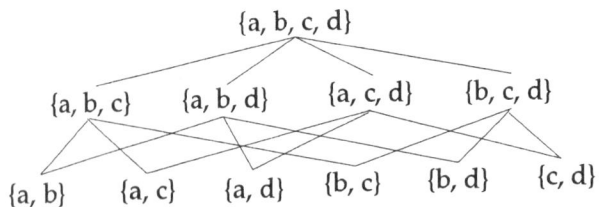

この構造には一つの特徴がある。それは、どの二つの要素集合をとっても、それぞれの集合を構成する個体をすべて含む集合が一つ存在することである。このように、任意の二つの要素集合から、それぞれの要素集合に含まれる個体を統べて含むような集合を作り出す操作を結び操作 (join operation) と呼ぶ。

(6) 結び操作：任意の2要素A，Bについて、A∪Bは、AまたはBに属するすべての要素からなる集合である。
　　例：(5)の集合において、
　　　　{a, b}∪{a, c}={a, b, c}、{a, b}∪{c, d}
　　　　　　　　　　={a, b, c, d}、{a, b}∪{a, b, c}
　　　　　　　　　　={a, b, c}

この結び操作がどの要素についても成り立つことから、(5)の構造を、完全結び半束構造 (complete semi-lattice structure) と呼ぶ。[1] また、どの二要素についてもこの結び操作を行うことができるので、最終的には一つの集合が得られる。この集合は、この構造に含まれるすべての個体を含んでおり ((5)の{a, b, c, d})、この構造における最大集合と呼ぶことができる。

このような構造を複数名詞の外延に定義すると、複数からなる事物に対する述語としていつもこの外延を用いることができるだけでなく、定の複数名詞を扱うこともできる (Sharvy 1980)。まず、従来、定の単数名詞は、次のように定義され、一般に ι で表されてきた。[2]

---

[1] 束とは、本来、任意の二元 x, y に対して、x∪y (xとyの上限) と、x∩y (xとyの下限) を自身の内に含むような順序集合。順序集合とは、そのすべての元について、反射律、反対称律、推移律を満たすような二項関係 R が定義されている集合。つまり、集合 S が順序集合であるとは、すべての a, b, c∈S に対し、aRa (反射律)、aRb かつ bRa ならば a = b (反対称律)、aRb かつ bRc ならば aRc (推移律) をみたすRがあることである。

(7) ιx [P(x)] → Pという属性を持つ要素xが唯一あるとき、そのxを指す。
それ以外の時定義できない。
例：the dog → ιx [dog(x)]
= ∃x [dog(x) ∧ ∀y [dog(y) → y＝x]]

この定義には、P(x) を満たす x が唯一でなければならないという唯一性の前提が含まれている。だが、この前提は、単数名詞に定冠詞がついたときにのみ要求され、複数名詞には当てはまらない。例えば、"the people in Auckland" に対し、"the men in Auckland" や "the women in Auckland" など、この述語を満たす集合はいくつもあり、一つに決まらなくてもかまわない。また、直感的には、これらの集合の集合こそが "the people in Auckland" の指示するものであると感じられる。即ち、定の複数名詞は、その複数名詞の外延にあるすべての集合の和を指しているようである。ただし、単に集合を足し併せるだけでは、中に重複する要素が含まれてしまう。そこで、すべての集合の和から重複する要素を取り除いた集合こそが定の複数名詞の指示しているものだと思われる。この集合は、(6) の結び操作を繰り返し使えば得ることができる。また、複数名詞の外延は半束構造であるため、もともと結び操作に対して閉じた構造である。よって、必ず最大集合を一つだけ得ることができる。従って、複数名詞においても、唯一の最大集合という形で、唯一性前提を保つことができる。

(8) ι演算子の定義
ιP = Pの外延において最大集合があるとき、それを指す。
ないとき定義できない。
∃x [P(x) ∧ ∀y [P(y) → y≦x]]

このι演算子の定義は、P が単数名詞であった場合の唯一性前提も導くことができる。なぜなら、単数名詞の外延は個体によって構成されているが、この個体はいずれも次に定義できるような原子であるからである。

---

2) ラッセルの確定記述。

(9) 原子の定義：
　　　a が原子であるとは、a がそれ以上分割できないということである。
　　　D を原子の領域とするなら、a∈D ⇔ ¬∃x [x＜a]

この定義により、任意の原子 x と y について、y≦x であるならば、必ず y＝x である。
　このように、複数名詞を集合の集合からなる構造であるとみなすと、定表現などを統一的に扱うことができるという点で妥当であることが分かる。

2.1.2. 質料名詞の外延

　以上は、可算名詞の外延についてであったが、質料名詞に目を移してみると、まず、複数可算名詞と質料名詞の間にはある種の類似性がある。即ち、ともに集合名詞を主語に取る動詞の主語に現れることができ (10)、どちらも累積性という特性を示す (Link 1983)。

(10) a. The children gather around their teacher.
　　　b. The water gathers in big pools.
(11) 累積性：a が P であり、b も P であるならば、a と b の合計も P である。
　　　例 1：If John and Bill are children and Mary and Janet are children
　　　　　　then John, Bill, Mary, and Janet are children.
　　　例 2：If a is water and b is water then the sum of a and b is water.

この類似性に基づき、質料名詞の外延として複数可算名詞と同じく、完全結び半束構造を仮定できそうである。但し、質料名詞は単数個体の述語になることができるので、質料名詞の外延には単数個体も含んでいなければならない。従って、質料名詞の外延は以下のようになる。

(12) 質料名詞の外延

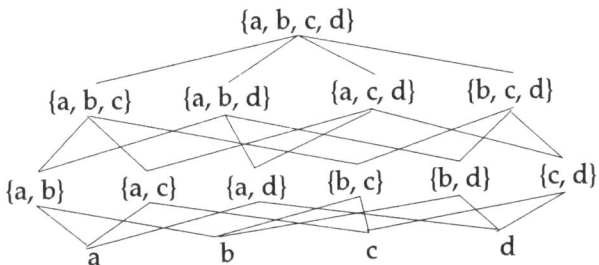

質料名詞の外延にこのような構造を定義することにより、"the furniture in this room" といった定の質料名詞を、定の複数名詞の場合と同じようにその最大集合として定義することができる。

2.1.3. 領域間の関係について

前節までは、単数可算名詞、複数可算名詞、質料名詞の三種類の名詞の外延について述べてきたが、この節では、それらの間にどのような関係があるのかについて検討する。まず、これらの名詞間の関係について提案したものに、Chierchia 1998a がある。それによると、原子からなる単数可算名詞の領域に対し、複数可算名詞の領域はその原子に統語レベルでの複数化の操作を掛けて生成される。一方、質料名詞の領域は、語彙のレベルにおいて複数化の操作が行われて生成される（Inherent Plural Hypothesis）。

(13) Chierchia 1998a の想定する領域関係

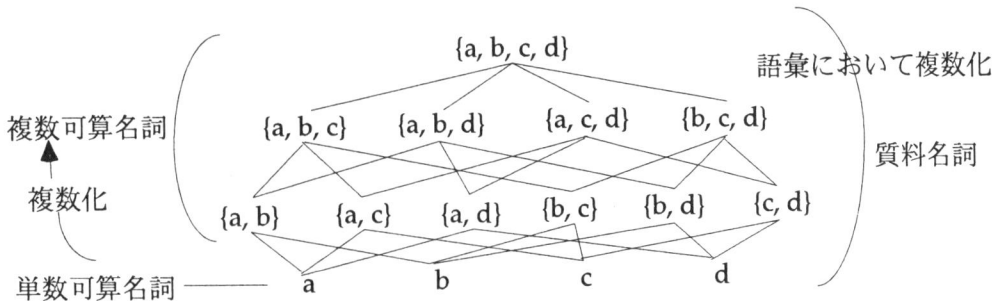

この主張では、質料名詞は、語彙レベルにおいて、まず複数化の操作を受け、次

に生成された複数領域に原子領域と足し合わすという操作を経て作られることになる。つまり、質料名詞の方が単数可算名詞よりも語彙レベルでかかる操作量が多い。

　だが、単数可算名詞を基本に据えることに特別な根拠はない。英語についてのみ見るならば、一般に名詞の単数形と複数形では、単数形の方が単純であり、この点において、単数可算名詞を基本にすることは直感的に正しく感じられる。しかし、中国語のような言語に目を向けると、形態的に最も単純な裸名詞が、単数にも複数にも解釈されることができ、この点において基本は質料的外延であると思われる。また、単数個体、複数個体を表す統語的な方法、即ち、類別詞／計量詞が備わっている。よって、中国語では、可算的領域の方が、非可算的領域よりも形態的により複雑であると言える。

　本稿では、通言語的により応用範囲が広いのは、基本を質料的外延におき、そこから単数可算的外延、複数可算的外延を派生する方法であると主張する。以下、英語と中国語の比較を通して、この方法が英語も中国語も適用できることを示す。

2.2. 単数／複数／質料的領域の派生〜英語と中国語の比較

　この節では、単数的領域、複数的領域、質料的領域の三つの領域の派生関係について、質料的領域を基本にした提案を行う。

2.2.1. 英語の派生

　では、まず英語について、質料名詞の領域を基本にすると、単数可算名詞と複数可算名詞のそれぞれの領域が、どのように派生されるかを次に示す。

(14) 英語の可算名詞の派生

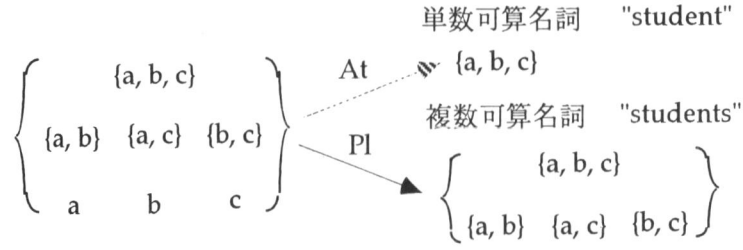

Atは原子化操作を、Plは複数化操作をそれぞれ表し、単数複数どちらの可算名詞も、質料名詞的外延から一度の操作で派生される。原子化操作と複数化操作それぞれの具体的な内容は、以下のようである。

(15) a. 原子化操作（英語の単数可算名詞の派生）
   $At(D^*) = D$ /語彙レベル
   D^* = 質料名詞的外延、D = 原子からなる集合

b. 複数化操作（英語の複数可算名詞の派生）
   $Pl(D^*) = D^* - D$ /形態レベル
   D^* = 質料名詞的外延、D = 原子からなる集合

なお、この二つの派生は、それぞれ、適用されるレベルが異なっている。即ち、原子化操作は語彙レベルに適用され、複数化操作は形態レベルで適用される。英語の場合、どの単位を原子として考えるかは、それぞれの物の形状等により、単語自身に組み込まれているのである。一方、複数化については、"s" という複数接辞を用いて、形態レベルで行われる。

ただし、いわゆる質料名詞については、上の派生は適用されない。これらの名詞は、以下に述べる中国語の名詞の派生に従う。この点において、英語は分裂した名詞派生の体系を持つと言える。

2.2.2. 中国語の派生

まず、中国語の名詞は、英語における非可算名詞に対応する特性を示す。例えば、(16)のように両者ともそのままで動詞の項になることができ、数詞を伴う場合は(17)のように類別詞を必要とし、複数を表す際に複数接辞の使用が(18)のように義務的ではない。[3]

---

3) 実際には、複数を表す接尾辞がないわけではないが、付加される名詞に制限があったり、その用法が純粋な複数形とは言えなかったりする。これらの複数接辞については後述する。

(16) a. He drinks water.
　　 b. 我　看见　熊猫　了。
　　　　私 見る-見える パンダ CRS
　　　（私はパンダを見た。）
(17) a. He drank two glasses of water.
　　 b. 我　看见　两只　熊猫。
　　　　私 見る-見える 2 頭 パンダ
　　　（私は二頭のパンダを見た。）
(18) a. *much waters
　　 b. 很多　熊猫
　　　　たくさん パンダ
　　　（たくさんのパンダ）

　中国語においては、個体を指示するためには、類別詞／計量詞の助けを借りて、質料名詞的外延から原子を取り出す。この操作は統語レベルのものである。

(19) 一　张　纸
　　　1　枚　紙　（一枚の紙）
(20) 一　棵　树
　　　1　本　木　（一本の木）

　一方、中国語における複数化は、語彙的レベルで行われる。Chierchia 1998b の中で展開された名詞のタイプについての類型論では、中国語には複数化はないことが前提とされていた。しかし、実際には、中国語には、幾つかの複数化の手段が存在する。その中でも興味深いのは、量詞を用いた複数化である。[4]

(21) 裸名詞＋量詞：纸张，船只，信件，枪支，车辆，马匹，布匹
　　　　　　　　　紙-枚　船-隻　手紙-件　銃-丁　車-台　馬-頭　布-幅

　ただし、この複数化の手段は、生産的ではなく、すべての名詞に適用することはできない。例えば「狗（犬）」に対してその量詞「条（匹）」を付加し、「狗

条」と言うことはできない。この点において、これらの複数化の手段は、語彙的に決まっている、即ち、語彙レベルでの操作であると言える。

　以上の中国語における原子化と複数化の操作をまとめると、以下のようになる。ここで注目されるのは、例えば「只（隻）」のような類別詞を例にとって考えてみると、その位置の違いが異なる操作を誘発していることである。「只（隻）」が数詞を伴って名詞の前にあれば、それは原子化の操作となり、「只（隻）」が名詞の後ろに直接付加されれば、それは複数化の操作となる。

(22) 中国語の名詞の派生

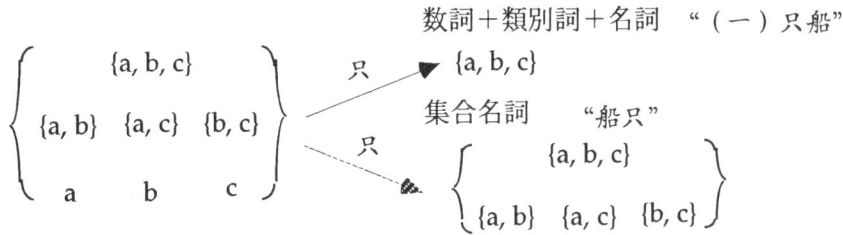

　類別詞が位置の違いに応じて果たす役割の違いは、次のように考えることができる。即ち、「只（隻）」が名詞の前に現れた時には、原子の集合を表し、後に現れた時には、質料的領域から原子を引いた差の集合を表す。

---

4) 人間を表すものの複数化に「们（たち）」がある。
　　　裸名詞＋们: 学生们（学生たち），孩子们（子供たち）
「学生们（学生達）」のように、一見複数接尾辞のように見える「们（達）」という形態素はあるが、この形態素は讃井 1986、Li 1999、张谊生 2001等の研究で明らかなように、定指示の名詞に付加されるという特性を持っている。上記の例でも、裸名詞は定指示の解釈を受ける。また、固有名詞に付加することができるが、数量詞を伴った名詞句に付加することはできない点にも、「们（たち）」の特性が見える。
　　　祥子们（祥子たち）
　　　*三个学生们（三人の学生たち）
そこで、この形態素は、本当の複数接辞ではなく、定名詞句に付加されて、それを代表とする集団を表すために使われる形態素であると考えられる。
　他に、同族語を並列することによって複数を表す方法もある。
　　　裸名詞＋同族語: 树木，书籍，瓜果
この方法によって作られる複数名詞については、稿を改めて取り上げたい。

(23) a. 原子化操作（中国語の単数名詞の派生）

　　　　Cl(K) = λx [x ≦ K]　／　統語レベル

　　　　Cl = 類別詞、K = 類名

　　b. 複数化操作（中国語の集合名詞の派生）

　　　　Cl(K) = K-λx [x ≦ K]　／　語彙レベル

　　　　Cl = 類別詞、K = 類名

このようにして、全く同じ形態素が、働くレベルによってこのように、よく似ているが異なったものを生成するように定義できる。さらに、(15) と (23) を比較すると、英語と中国語では、単数と複数を派生するやり方が、どちらが語彙的か統語的かにおいて、反対の関係にあると言える。

ただし、上に述べたように、英語の質料名詞は、それ自身に、語彙的原子化が規定されていない。よって、これらの名詞は、統語的操作によってのみ原子化される。

(24) a piece of furniture / a cup of tea / a head of lettuce

これは、中国語における統語的原子化と全く同じ操作である。従って、語彙的操作については、言語及び語彙による制約をうけるものだが、語彙的に未決定の要素については、ある程度自由に統語的操作が用いることができるようである。

2.2.3. 中国語の複数名詞 [5]

前節では、中国語において原子化は統語的に、複数化は語彙的に行われると述べた。統語的原子化については、第四章で、裸名詞との違いを中心に改めて論じる。語彙的複数化の例として挙げた「裸名詞＋量詞」は、従来あまり記述自体されてこなかった種類の名詞なので、ここでは、これらの名詞が裸名詞と異なること、複数性を表していることを述べる。

まず、「裸名詞＋量詞」からなる名詞は、類名を表すことはできない。以下、裸名詞と対照させた例を挙げる。

---

[5] この節の内容は、伊藤 2002 をもとにしている。

(25) a. *马匹　绝种　了。
　　　　馬類　絶滅する CRS
　　　　（馬は絶滅した。）

　　 b. 马　绝种　了。
　　　　馬類 絶滅する CRS
　　　　（馬は絶滅した。）

(26) a. *法国人　发明　了 车辆。
　　　　フランス人 発明する 完了 車類
　　　　（フランス人が車を発明した。）

　　 b. 法国人　发明　了　车子。
　　　　フランス人 発明する 完了　車
　　　　（フランス人が車を発明した。）

(27) a. *蔡伦　发明　了　纸张。
　　　　蔡倫 発明する 完了 紙類
　　　　（蔡倫が紙を発明した。）

　　 b. 蔡伦　发明　了 纸。
　　　　蔡倫　発明する 完了 紙
　　　　（蔡倫が紙を発明した。）

以上、「绝种（絶滅する）」の主語位置、「发明（発明する）」の目的語位置など、類名が要求される位置に「裸名詞＋量詞」からなる名詞は現れることができない。これに対し、裸名詞はこれらの位置に現れて類名を表すことができる。

また、類名を表す名詞からなる述語主語位置にも、「裸名詞＋量詞」からなる名詞は現れることができない。これらの位置も、類名が要求される位置であることから、「裸名詞＋量詞」からなる名詞は類名を表せないことが分かる。

(28) a. *在 冲绳，车辆 是　很　重要 的 交通工具。
　　　　で　沖縄　車類 Cop. とても 重要 Mod. 交通手段
　　　　（沖縄では、車は重要な交通手段である。）

　　 b. 在 冲绳，车 是　很　重要 的 交通工具。
　　　　で　沖縄　車 Cop. とても 重要 Mod. 交通手段
　　　　（沖縄では、車は重要な交通手段である。）

(29) a. *马匹 是 有蹄动物。
　　　　馬類　Cop.　有蹄動物
　　　（馬は有蹄動物である。）

　　b. 马 是 有蹄动物。
　　　　馬　Cop.有蹄動物
　　　（馬は有蹄動物である。）

　なお、次のように二つの類を比較するような場合にも「裸名詞＋量詞」からなる名詞を用いることはできない。この場合、述語そのものは個体を項にとるが、比較されているのは類同士である。今のところ、述語の項の段階で個体であったものが、比較の段階に入ったときに類名に変わる仕組みははっきりしないが、これらの例文は、裸名詞は個体と類名の二つの読みがありえ、一方の「裸名詞＋量詞」からなる名詞は個体の読みしか持ち得ないことを示していると言える。

(30) a. *马匹 比 人 跑 得 快。
　　　　馬類　より　人　走る Deg. 早い
　　　（馬は人より走るのが早い。）

　　b. 马 比 人 跑 得 快。
　　　　馬　より　人　走る Deg. 早い
　　　（馬は人より走るのが早い。）

(31) a. *船只 比 飞机 安全 得 多。
　　　　船舶　より　飛行機　安全 Deg. ずっと
　　　（船舶は飛行機よりずっと安全だ。）

　　b. 船 比 飞机 安全 得 多。
　　　　船　より 飛行機　安全 Deg. ずっと
　　　（船舶は飛行機よりずっと安全だ。）

　さて、「裸名詞＋量詞」からなる名詞は類名を表さないことが以上から分かったが、個体を表している場合には、単数の場合と複数の場合がある。「裸名詞＋量詞」からなる名詞がどちらを表しているかは、次のような後続文脈での照応形から判断することができる。「裸名詞＋量詞」からなる名詞を後続する文脈で照

応する時には、集合的量詞を伴い、単数を表す量詞は使うことができない。この点から、「裸名詞＋量詞」からなる名詞は、複数を表していることが分かる。

(32) a. 于是天子 赐给 她 <u>马匹</u> 和卫队，<u>这些 马</u> 跑 得 真 快。
　　　 そこで皇帝〜に賜る 彼女 馬　 と 兵隊 これら 馬 走る Deg.本当に速い
　　　（そこで皇帝は彼女に馬と兵隊を与えた。これらの馬は本当に脚が速かった。）
　　b. 于是天子 赐给 她 <u>马匹</u> 和卫队，*<u>这匹 马</u> 跑 得 真 快。
　　　 そこで皇帝〜に賜る 彼女 馬　 と 兵隊 この　 馬 走る Deg.本当に速い
　　　（そこで皇帝は彼女に馬と兵隊を与えた。この馬は本当に脚が速かった。）

(33) a. 他们 把 <u>枪支</u> 存放 在 家中 再 出门　 度 假。
　　　 彼ら を 　銃　 置く に 家の中 また 外出する 過ごす 休み
　　　　　　　　　　没　 想到 <u>这些 枪</u> 都 偷走　了。
　　　　　　　　　 なかった 思う-つく これら 銃 みな 盗む-去る 完了
　　　（彼らは銃を家の中において外出し休みを楽しんだ。思いがけないことに、これらの銃がすべて盗まれてしまった。）
　　b. 他们 把 <u>枪支</u> 存放 在 家中 再 出门　 度 假。
　　　 彼ら を 　銃　 置く に 家の中 また 外出する 過ごす 休み
　　　　　　　　　　没　 想到 <u>这个 枪</u> 偷走　了。
　　　　　　　　　 なかった思う-つく この　 銃 盗む-去る 完了
　　　（彼らは銃を家の中において外出し休みを楽しんだ。思いがけないことに、この銃が盗まれてしまった。）

また、「裸名詞＋量詞」からなる名詞は、複数を表していることは、これらの名詞が量詞を伴うとき、集合を表す量詞が用いられることからも分かる。

(34) a. *一 张 纸张
　　　　1 枚 紙類　　　（*一枚の紙類）
　　b. 一　 批　 纸张
　　　 1まとまり 紙類　（一やまの紙類）
(35) a. *三 封 信件
　　　　3 通 手紙類　　（*三通の手紙類）

23

  b. 三 堆 信件
    3 やま 手紙類 （3やまの手紙類）
(36) a. *両 把 枪支
    2 丁 銃類 （*二丁の銃類）
  b. 両 批 枪支
    2 まとまり 銃 （2束の銃類）

 以上から、「裸名詞＋量詞」からなる名詞は、個体の領域を指示し、しかも、その外延には、複数の領域であることが分かる。

2.2.4. 状況依存的原子化と複数化

 前節では、語彙または統語的な原子化と複数化について述べた。この節では、さらに、状況依存的原子化と複数化について述べる。
 例えば、英語の質料名詞において、単位を決める名詞を伴わずに原子化や複数化が行われることがまれにある。それは、飲み物を注文する場合や、形容詞の修飾を受けた場合である。

 (37) I'd like two teas.
 (38) I found one short gray hair on the pillow.

いずれの場合も、その場面においてある種の単位が与えられている場合である。(37) では、カップを単位とすることが暗黙の了解としてあり、(38) でも、犯人の残した手がかりを探している場面なので、集合としての髪の毛ではないことが明らかである。これらの原子化の特徴は、状況依存的であることにあると言えよう。 第三章で詳しく述べるが、質料的領域を基本とする中国語においても、裸名詞が量詞の助けを借りずに個体を指すことができる。ただし、上記の英語の例と違って、数詞と直接結びつくことはできない。

(39) a. 両 杯 紅茶
    2 杯 紅茶 （二杯の紅茶）
  b. *両 紅茶
    2 紅茶

(40) a. 一　根　头发
　　　 1　本　髪の毛　　（一本の髪の毛）
　　b. *一　头发
　　　 1　髪の毛

　数詞の働きは、第四章で詳しく見るが、二つの個体の集合の交わりがいくつの個体からなるかを示す働きをする。従って、数詞の適用される対象は、個体の集合、<e,t> タイプでなければならない。中国語の裸名詞は、本章で述べたように、まずは類名 <e> タイプを表す。このタイプから、個体指示の用法が派生されるはずだが、裸名詞が数詞を直接とれない以上、どのような派生を通しても <e,t> タイプへ変換されることはないということが予想される。
　さらに、状況に依存して個体指示になる場合、原子化と複数化のどちらが適用されているかは、文脈によって判断される。

(41)　邮递员　　送　信　和　报纸　来，
　　　郵便局員　送る　手紙　と　新聞　来る
　　　　　　　老张　　対着　　一张名単　分发　　信件。
　　　　　　　張さん　付き合わせる　一枚の名簿　分ける　手紙類
　　（郵便配達人は手紙と新聞を配達に来た。張さんは、名簿を見ながら手紙を分けた。）

(42) a. 邮递员　　送　信　来，
　　　 郵便局員　送る　手紙　来る
　　　　　　老张　看　了　寄　信　人　的　名字　就　　吃　了　一惊。
　　　　　　張さん　見る　完了　送る　手紙　人　Mod.　名前　JIU　食べる　完了　一驚き
　　（郵便局員は手紙を配達に来た。張さんは、差出人の名前を見て驚いた。）
　　b. 邮递员　　送　一封信　来，
　　　 郵便局員　送る　一通の手紙　来る
　　　　　　老张　看　了　寄　信　人　的　名字　就　　吃　了　一惊。
　　　　　　張さん　見る　完了　送る　手紙　人　Mod.　名前　JIU　食べる　完了　一驚き
　　（郵便局員は一通の手紙を配達に来た。張さんは、差出人の名前を見て驚いた。）

(43) a. 邮递员　　送　信　来，老张　　対着　　一张名単　分发　　信件。
　　　 郵便局員　送る　手紙　来る　張さん　付き合わせる　一枚の名簿　分ける　手紙類
　　（郵便配達人は手紙を配達に来た。張さんは、名簿を見ながら手紙を分けた。）

b. #邮递员　送　<u>一封信</u>　来，老张　对着　　一张名单　分发　信件。
　　　　郵便局員　送る　一通の手紙　来る　張さん　付き合わせる　一枚の名簿　分ける　手紙類
　　　（郵便配達人は一通の手紙を配達に来た。張さんは、名簿を見ながら手紙を分けた。）

　(41)では、郵便配達人が持ってきたものは手紙と新聞だが、後続節から分かるように、手紙は複数ある。新聞については、単数とも複数とも解釈できる。(42)では、裸名詞と単数名詞が交換できることから分かるように、手紙は一枚と考えられるのが普通である。一方、(43)では、後続節が適切に解釈されるためには、手紙は複数でないといけない。ここでは、裸名詞のみが可能であり、単数名詞は許されない。

　では、以上見たような状況依存的可算化の操作はどのように定義できるだろうか。状況に依存的に個体または個体の集合を取り出す操作であることから、状況から個体または個体の集合への関数であると考えることができる。

　(44) 状況依存的可算化Ⅰ
　　　　$Count_s(K) = \lambda s \lambda x [x \leq K]$　または
　　　　　　　　　　$\lambda s \lambda X [X \leq K]$
　　　　s = 状況、K = 類名、X = 個体の集合

だが、この定義は、2種類の派生がある上、実際の言語使用を反映していない。状況に依存して個体が類名から可算化されると、取り出される個体は常に定のものを指し、任意のどれかを指さない。従って、上述(8)のι演算子の定義を用い以下のように派生の一本化し、言語直感を反映させることができる。

　(45) 状況依存的可算化Ⅱ
　　　　$Count_s(K) = \lambda s \lambda x [x \leq K]$
　　　　s = 状況、K = 類名

2.2.5. 状況とは

　前節では、状況依存的原子化／複数化の操作を導入するために、状況という概念を断りなく用いた。この節では、状況とは何かについて述べる。
　本稿では、状況を個体の集合と値割り当ての概念を用いて定義する。まず、直

感的に、状況とは様々な個体が混在している場であると言えるから、状況はその場に含まれる個体の集合で表すことができるように思われる。ただし、単なる個体の集合では、状況の持つ時間の流れ、特に談話の流れによって変化するという特性を説明することができない。そこで、Groenendijk & Stockhof 1991に倣って、状況を入力と出力の値割当て関数のペア（<g, h>、<h, k> など）からなる集合として定義する。

　まず、値割り当て関数の説明から行う。代名詞を例にとると、その意味解釈は、値割り当て関数によって行われる。値割当て関数とは、変項一つ一つに対して、その状況に存在する個体のうちのどれを割り当てるかを指定する関数である。例えば、ある代名詞に対して、値割り当て関数は、その指標（下付き数字で表す）を手がかりに、個体の集合 $\{a_1, a_2, a_3, a_4, ... a_n\}$ から、指標の一致する個体を与える。[6]

(46) He_1 arrived. → Arrived'(x_1)
(47) 個体に対する値割り当て関数 g

$$g = \begin{array}{ccc} x_1 & \rightarrow & a_1 \\ x_2 & \rightarrow & a_2 \\ \vdots & & \vdots \\ x_n & \rightarrow & a_n \end{array}$$

文の真理値とのかかわりを見ると、ある文がある値割り当て関数 g について真であるとは、その変項に対して g が与えた値が、述語の表す集合に含まれると言うことである。

(48) x を代名詞の導入した変項とすると、値割り当て関数 g について、
　　$\|P(x)\| = 1$ であるとは、$g(x) \in \{x | P(x)\}$ である時であり、かつ、この時のみである。
　例：He_1 arrived. が真であるのは、$g(a_1)$、つまり a_1 が $\{x: x\ arrived\}$ という集合に含まれている時であり、かつその時のみである。

　以上、代名詞を例にとって値割り当て関数を説明したが、この関数は、代名詞

---
[6] 以下、Dowty, et al. 1981 に基づく。

だけでなく、すべての自由項に対して適用される。以下、この関数を用いて状況を定義する。

状況とは、この値割り当て関数からなる集合である。即ち、今、状況 s、命題 P に対して、s を命題 P が真であるような状況とすると、以下のように表すことができる。

(49) s を ‖ P(x) ‖ = 1 であるような状況とすると
  s = { g: g(x) ∈ { x: P(x) } }

以上の定義は、状況を静的で不変であるとみなした場合である。実際には、状況は時間に伴い変化していく。ここでは、発話による状況の変化を例にとって説明する。時間的変化は、次のように、入力の値割り当て関数と出力の値割り当て関数のペアを考えることで、反映させることができる。

(50) s = { <g, h>: (g(x) ∉ P ∨ g(x) ∈ P) & h(x) ∈ P }

入力の段階で命題 P を真にするかどうかは問題にならない。従って、「g(x) ∉ P ∨ g(x) ∈ P」である。しかし、出力の段階では、命題 P を真にする関数のみに限定される。従って、「h(x) ∈ P」である。

2.3. まとめ

1. 英語、中国語をとわず、全ての名詞は、基本として質料的外延を持っている
2. 英語においては、語彙的操作としての原子化と、統語的操作としての複数化がある。
3. 中国語においては、統語的操作としての原子化と、語彙的操作としての複数化がある。
4. 英語、中国語をとわず、状況依存的な原子化と複数化が可能である。が、英語においては、大部分の名詞は語彙的に原子化を強制されるため、一部の質料名詞にのみ、これらの操作が行われうる。一方、中国語では、語彙的複数化を受けた名詞を除くほとんどの名詞にこの操作を行うことができる。

5. 英語では状況依存的可算化の結果、個体の集合が得られるが、中国語では、質料的領域のままである。

第三章　裸名詞

3. はじめに

　本章では、中国語の名詞の解釈について考察する。中国語において、数量表現や修飾語を伴わない普通名詞（以後、裸名詞と呼ぶ）は、それ自身で類名として働き、類名を項にとる動詞の項となること (1) もできれば、具体的な事物を指すこと (2)〜(4) もできる。また、具体的な事物を指す場合、特にどの個体を指すのかという限定のない、不特定のものを指す場合 (2)、(3) もあれば、発話の場、または文脈に既に存在している特定のものを指すとき (4) もある。

(1) 熊猫　　絶种　　了。
　　パンダ 絶滅する CRS
　　（パンダは絶滅した。）

(2) 学生　尊敬　有　学问　的　老师。
　　学生 尊敬する ある 知識 Mod. 先生
　　（学生は知識のある先生を尊敬するものだ。）

(3) 我　愛　看　书。
　　私 好きだ 見る 本
　　（私は本を読むのが好きだ。）

* この章の内容は、伊藤 2001b の内容に大幅な修正を加えたものである。

(4) 书 由 我 保管，我们小组 使用 也 方便。
　　本 によって 私 保管する 我々の班 使う も 便利だ
　　（（図書館の）本は私が保管しましょう。我々の班が使うのにも便利だし。）

これら裸名詞の解釈については、従来、記述的な研究にとどまり、これらの四つの解釈がどのようなメカニズムで生まれるのかについて明らかにした研究は今のところまだない。本章では、これらの解釈を生む過程を明らかにする。

3.1. 裸名詞の指示対象

　この節では、中国語の名詞の振る舞いについて先行研究での観察を紹介し、前章で提案した領域間の派生関係をもとにすると説明できることを示す。
　中国語の裸名詞は質料名詞であるという指摘は、既に中川・杉村 1975、及び中川 1982 に見える。この二つの論文は、中国語を日本語と対照し、中国語の方がより数量表現、特に「一个（一つの）」を多用することを指摘している。例えば、日本語の (5)a のような数量表現を含まない文も、中国語では (5)b のように数量表現を伴う形に訳されることが多い。

(5) a. わたくし女の子が欲しいと思っていましたの。
　　b. 我 想 要 一 个 女 孩子。
　　　　私 思う ほしい １ 個 女 子供

このような違いから、中川・杉村 1975 では、「日本語の名詞が類概念を表すのに対して、中国語のは集合概念をあらわす傾向がある」と述べ、集合でなく一つの個体であることを言うために数量表現が多用されるのだと説明した。
　一方、中国語の裸名詞は具体的な個体の集合ではなく、類概念を表すと言う見方もある。例えば大河内 1985 などは、裸名詞は具体的な個体を指さない場合が多いことを観察し、中国語の名詞は類名を表すという主張をした。また、Krifka 1995、Chierchia 1998a, bは、名詞が単独で類についての叙述を行う述語の項になり得ることを根拠に、中国語の裸名詞は類名を表していると主張して

いる。但し、ここには「類名」という用語の混乱が多少見られる。大河内 1985 において裸名詞が類名を指示している例として挙げられのは次のような例である。

(6) 夏日的一天，　老爷爷　　要　　上　山　打　柴，
　　夏のある日　　おじいさん　しよう　登る　山　刈る　薪
　　　　　　老奶奶　说：　"快　去　快　回　啊！"
　　　　　　おばあさん　言う　早く　行く　早く　帰る　語気
　（ある夏の日、おじいさんは山へ柴刈りにいこうとしていました。おばあさんはそこで「早く行って早く帰っておいで！」と言いました。）

この場合の「山（山）」「柴（薪）」は、厳密には類名であると言えない。「上（登る）」や「打（刈る）」という動作は、類自体と直接関係を生じることはできず、動作を行う対象として個体の存在を要求するからである。大河内 1985 では、この動詞-目的語構造を合成語として考えることにより、全体として「山登り」「柴刈り」といった動作の類名になり、裸名詞も合成語の一部として類名を表すとしている。だが、例え合成語の中であっても、動作を行う対象はあくまで個体である。この点において、(6) の「山（山）」「柴（薪）」は本来個体であり、我々がこれらの名詞を類を指示していると感じるのは、別の要因によるとみなす方が適切だと思われる。なお、この一般的直感の説明は、のちに非一回性の文脈を論じる際に取り上げる。

　一方、Krifka 1995、Chierchia 1998a, b が主張の根拠として挙げたのは、中国語の裸名詞は類名を項にとる述語の項になることができるという点である。

(7) 熊猫　　绝种　了。　（=(1)）
　　パンダ　絶滅する　CRS
　（パンダという種は絶滅した。）

類名を項にとる述語の項に裸のままなれるのであるから、裸名詞には類名を表す用法が備わっていなければならない。そこで、類名を基本に据え、そこから個体を指示する用法を派生するやり方を提案した。[1]

　それでは、集合概念をあらわすという主張と類名を表すという主張のどちらが中国語の名詞の記述としてより適切だろうか。この二つの主張は、中国語の裸名

詞に対して質料名詞的外延を想定することで解決できる。まず、質料名詞的外延は、一種の集合である点で、中川・杉村 1975、中川 1982 の記述と合致する。同時に、この集合は単純な個体の集合ではなく、集合の集合である。類名というとき、その類に属する個体だけでなく、下位類名、即ち下位集合もそこに含まれているのだから、これを類名の外延と考えることができる。そこで、中国語の名詞の最も基本的な指示対象として、質料的外延を有する類名を仮定することにより、従来の観察を包括することができる。

(8) 中国語の裸名詞は、類名を表し、質料名詞的外延を持つ。

以後、類名であることを表すには、「学生→学生^k」のように、上付文字のkを右肩につけて区別する。

以下の節、3.2. では、范开泰 1991、讃井 1986、陈平 1987、Yang 2001 の研究を紹介し、中国語の裸名詞が文脈に応じて持つ様々な解釈を明らかにする。3.3. では、前章で説明した原子化／複数化操作と、状況についての定義に基づいてその解釈の違いが説明できることを示す。

---

1) 具体的な派生は以下のようである。

Chierchia 1998b：類名dと世界／状況sに対し、

^{U}d ＝　　λx [x≦d$_s$]　d$_s$ が定義されるとき

　　　　　λx [FALSE]　上記以外のとき

ここで、d$_s$ はその種に属する原子をすべて含む集合（最大集合）

Krifka 1995：類名を表す普通名詞Nと可能世界iに対し、

N→λiλx.RT$_i$(x, N)

ここで、RT$_i$ は可能世界iに相対的に類名から個体を取り出す関数。

表記法は ^{U} と RT$_i$ それぞれ異なるが、どちらも類名から状況／可能世界に依存して個体の集合を取り出している。

3.2. 先行する研究

3.2.1. 裸名詞句の解釈

　中国語の裸名詞の解釈については、上に挙げたように幾つかの研究がある。まず范开泰 1991 では、裸名詞は基本的に「泛指」、即ち特定の事物を指さない非指示的解釈が基本であり、主文の主語位置に現れた場合に、「遍指」即ち総称的読みも持ち得ると述べている。具体的には、(3)のように、目的語の位置に現れたときは、非指示的読みであり、(2)のように、文頭に現れたときには、総称的読みとなる。

(3) 我　愛　看　书。
　　 私 好きだ 見る 本
　　 （私は本を読むのが好きだ。）

(2) 学生　尊敬　有　学问　的　老师。
　　 学生 尊敬する ある 知識 Mod. 先生
　　 （学生は知識のある先生を尊敬するものだ。）

　だが、中国語の裸名詞は、非指示や総称的読みには限られない。大河内 1985、讃井 1986 は、文脈上明らかに特定できる事物を指す用法もあることを観察し、これを「照応的解釈」としている。本稿では、照応と言う用語は代名詞の場合と混乱するので、以後、この用法を定指示の解釈と呼ぶ。

(9) 他　随手　折　了　根　枯柴，枯柴　变成　了　一支　火把。
　　 彼 ついでに 折る 完了 本 枯れ柴 枯れ柴 変わる 完了 1本 松明
　　 （彼はついでに枯れ柴を一本折った。枯れ柴は一本の松明に変わった。）

(10) 有　人　找　你，哎，人　哪里　去　了？
　　　いる 人 探す 君 あれっ 人 どこ 行く CRS
　　　（君にお客さんだよ、あれっ、あの人どこに行っちまったんだろう？）

　陈平 1987 では、より細かな名詞の解釈が提案されており、裸名詞の解釈として、類指示、非指示、総称、定の他に「不定指」即ち不定名詞としての解釈があ

り、定の解釈と不定の解釈は、名詞の位置によって決定されると述べている。下に定の解釈(11)と不定の解釈(12)を対照した例を挙げる。

(11) 客人　从　前门　来　了。
　　　お客さん から 前門 来る CRS
　　　(お客さんは前門から来た。)

(12) 前门　来　了　客人。
　　　前門 来る 完了 お客さん
　　　(前門からお客さんが来た。)

今ここで、(11)と(12)の対を、范开泰1991の挙げた対(2)と(3)と比べてみよう。どちらも、主語位置と目的語位置それぞれにおける裸名詞の解釈の違いに着目しているのだが、范开泰1991では総称対非指示の違いとして記述されているのに対し、陈平1987では定対不定の違いとして記述されている。これは決して用語の混乱に起因するのではない。この両者ははっきりと意味が異なっているのだが、その違いは文そのものの表す意味の違いに起因するのである。即ち、(11)と(12)は、ある時点における、一回性の出来事を述べる文であるのに対し、(2)と(3)は特定の時点に関わりなく常に成り立つ事柄を述べている。裸名詞の解釈は、その現れる文全体が表す意味の影響を受けているのである。

　以上をまとめると、中国語の裸名詞の解釈には、前節で述べた類名の読みに加え、総称的読み、定の読み、非指示的読み、不定の読みの五つがあることが分かる。ただし、類名の読みは、類名をとる述語の項として現れたときに限られ、総称的読みと定の読みは動詞の前位置に現れた名詞に多く、非指示的読みと不定の読みは動詞の後位置に多いという違いがある。さらに、総称読みと非指示的読みは総称文、習慣文、モーダルを含む文など、非一回性の出来事を述べる文に見られ、定の読みと不定の読みは一回性の出来事を述べる文に見られる。そこで、裸名詞の解釈を表に表すと次のようになる。(類名の解釈を除く。)

(13) 個体指示の場合の裸名詞の解釈

	主語位置	目的語位置
一回性	定	不定
非一回性	総称	非指示

ただし、Yang 2001 は、定／不定の解釈のあらわれる位置について、異なる観察をしている。Yang 2001 によると、定の読みは目的語位置でも得られ、不定の読みは主語位置でも得られる。例えば、次の例文では、「犬」の解釈について、不定の読みだけでなく、定の読みもある。

(14) 我　　看見　　　狗　了。
　　　私　見る-とどける　犬　CRS
　　　（私はある犬／その犬を見かけた。）

不定指示読みについては、確かに従来の指摘通り、主語位置にあるときは、不定の解釈を受けにくい。だが、場所や時間を表す語句や副詞が文頭に現れると、主語位置でも、裸名詞が不定の解釈を受けることがより容易になる。

(15) 外面　狗　在　　叫。
　　　外　　犬　ている　吠える
　　　（外で犬が吠えている。）

以上から、中国語の裸名詞の定の解釈については、主語、目的語と言う位置に関わりがなく、不定の解釈についてはある程度の影響を受けることが分かる。上記の表を訂正すると次のようになる。

(16) 個体指示の場合の裸名詞の解釈　（　）はその読みが得にくいことを表す。

	主語位置	目的語位置
一回性	定／(不定)	定／不定
非一回性	総称	非指示

3.2.2. 裸名詞の解釈の派生

ここでは、裸名詞の解釈を形式的にどのように表すことができるかを見る。まず、定とは、一章で説明したように、以下のように定義される。

(17) ιx [P(x)] ⇔ ∃x [P(x) ∧ ∀y [P(y) → y≦x]]

不定については、従来通り、以下のように定義される。

(18) ∃x [P(x)] ⇔ Pという特性を持つxが一つまたは幾つか存在する。

総称については、従来以下のように普遍量化詞で表されてきた。

(19) ∀x [P(x) ⇒ Q(x)] ⇔ x が P という特性を持つならば、Q という特性を持つ。

ただし、厳密には総称と普遍量化詞を同一視することはできない。総称による普遍量化詞に似ているが、例外を許すような操作子が提案されている。（Carlson & Pelletier 1995）

(20) GEN x [P(x) ⇒ Q(x)] ⇔ P という特性を持つxのうち、文脈に関連のあるすべてのxがQという特性を持つ。

だが、本稿では、普遍量化詞と総称の違いを論ずるものではないので、ほとんどの場合普遍量化詞で代用している。普遍量化詞で表していても、実際には、関与的でない個体を除いた集合に普遍量化がかかっていることを表している。

最後に非指示的解釈についてだが、これは、モーダルの作用域内に存在量化された個体があると見なされる。従って、非指示性を示す特別な方法はない。

総称も非指示的解釈も、ともにモーダルを含む文に現れるが、前者が普遍量化詞に近い力を持っており、後者が存在量化子であることは、次の例文の対照から分かる。

(21) *<u>狗</u>　很　机灵，但　有的　狗　不　机灵。
　　　犬　とても　賢い　しかし　ある　犬　〜ない　賢い
　　　（犬は賢いが、賢くない犬もいる。）

(22) ?他 喜欢 书, 但 有的 书 不 喜欢。
　　　彼 好きだ 本　しかし ある 本 〜ない 好きだ
　　（彼は本が好きだが、好きではない本もある。）

(23) ?熊猫 吃 竹子, 但 有的 竹子 不 吃。
　　　パンダ 食べる 竹　しかし ある 竹 〜ない 食べる
　　（パンダは竹を食べるが、食べない竹もある。）

(21)の「狗（犬）」は総称的解釈を受ける。そこで、後続節で、その一部を否定していると、前後の節が矛盾して感じられる。一方、(22)と(23)は非指示的解釈である。従って、多少の不自然さはあるものの、後続節でその一部を否定しても(21)ほど前後の節が矛盾しているとは感じられない。

3.2.3. 形式意味論の枠組みからの説明

それぞれの解釈の形式的定義を見たところで、それらの解釈がどのように派生されるかを見る。形式意味論のアプローチで説明したものには、Yang 2001 がある。Yang 2001 は、Chierchia 1998b で提案されたタイプシフト理論を踏まえ、中国語の裸名詞の解釈を説明した。タイプシフト理論では、名詞句の持ちうる三つのタイプ、個体 <e>、属性／述語 <e,t>、一般量化子 <<e,t>,t> の三つのタイプ間の関係が次のように規定される。

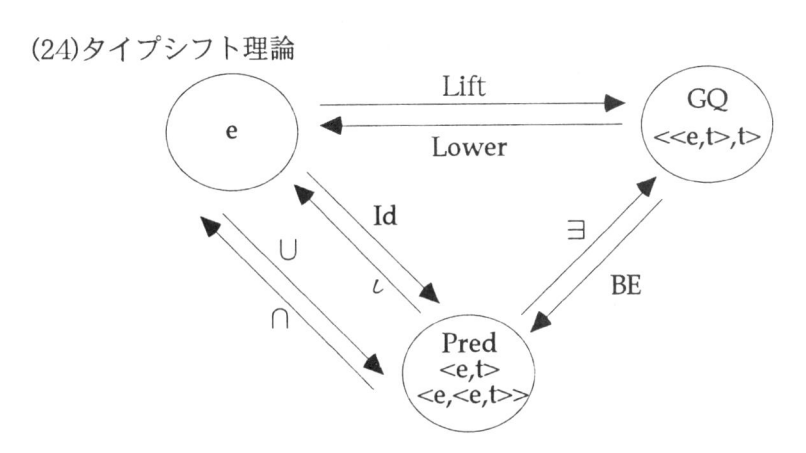

(24) タイプシフト理論

[図: e ⇄ GQ (<<e,t>,t>) (Lift/Lower)、e ⇄ Pred (∪/∩)、Pred ⇄ e (Id/ι)、Pred ⇄ GQ (∃/BE)、Pred <e,t> <e,<e,t>>]

　　a. Lift: e → GQ　　Lift(j) = λP P(j)
　　b. Lower: GQ → e　Lower(λP P(j)) = j
　　c. ∃: Pred → GQ　　∃X = λP∃y [X(y) ∧ P(y)]

d. BE: GQ → Pred	$\lambda P \lambda x [\{x\} \in P]$	
e. Id: e → Pred	$Id(x) = \lambda x [x = y]$	
f. ι : Pred → e	ιX = the largest member of X if there is one	
		(else, undefined)
g. $\cup$: e → Pred	$^\cup d = \lambda x [x \leq d_s]$ if d_s is defined (else, undefined)	
h. $\cap$: Pred → e	$^\cap P = \lambda s \iota P_s$, if $\lambda s \iota P_s$ is in kind (else, undefined)	

e の領域には、個体と類名が含まれる。GQ は一般量化詞を表す。Pred は述語であり、ここには一項述語と二項述語が含まれる。a から h には、タイプシフターの定義が示されている。e と <e,t> 間に二種類の方法があるが、∪と∩は Id と ι の内包的対応物である。

　Yang 2001 は、まず、中国語の裸名詞と Carlson 1977 が観察した英語の裸複数名詞の解釈を比較し、両者がほぼ同じ振る舞いを示すことを観察している。

＜類名読み＞
　(25) Dogs are extinct.
　(26) 狗　絶种　了。
　　　 犬　絶滅する　完了
　　　（犬は絶滅した。）

＜総称的読み＞
　(27) Dogs are intelligent.
　(28) 狗　很　机灵。
　　　 犬 とても　賢い
　　　（犬は賢い。）

＜不定の読み＞
　(29) I saw dogs.
　(30) 我　　看见　　狗了。
　　　 私　見る-とどける　犬　CRS
　　　（私は犬を見かけた。）

＜不透明な読みのみ＝非指示的読み＞
(31) John is looking for policemen.
(32) 约汉　在　找　警察。
　　 ジョン ている 探す　警察
　　（ジョンは警察を探している。）

この類似に基づき、Yang 2001 は中国語の裸名詞を英語の裸複数名詞と同様に扱うことができると見なした。即ち、Chierchia 1998b の提案した DKP、即ち Derived Kind Predication という派生規則が適用できると考えている。

(33) DKP:述語Pが個体に対して適用される述語であり、kが類名を表すなら、
$$P(k) = \exists x [{}^{\cup}k(x) \wedge P(x)]$$ （${}^{\cup}$は類名を述語に変換する演算子）

上述の裸複数名詞の例のうち、(29)、(31) にこの規則が適用される。以下、個体を表す変項を x_o、類名を表す変項を x_k とおくと、(25) から (31) の英語の例は以下のように派生される。

(25) Dogs are extinct.　　→ $\lambda x_k [\text{Extinct}(x_k)]({}^{\cap}\text{dogs})$
　　　　　　　　　　　　　=Extinct(Dogs)
(27) Dogs are intelligent. → $\forall [\lambda x_o [\text{Intelligent}(x_o)]({}^{\cap}\text{dogs})]$
　　　　　　　　　　　　　=$\forall x_o [\exists x_o [{}^{\cup\cap}\text{dogs}(x_o) \& \text{Intelligent}(x_o)]]$
　　　　　　　　　　　　　=$\forall x_o [{}^{\cup\cap}\text{dogs}(x_o) \rightarrow \text{Intelligent}(x_o)]$
(29) I saw dogs.　→ $\lambda x_o [\text{I-saw}(x_o)]({}^{\cap}\text{dogs})$
　　　　　　　　　=I-saw(${}^{\cap}$dogs)
　　　　　　　　　=$\exists x_o [{}^{\cup\cap}\text{dogs}(x_o) \& \text{I-saw}(x_o)]$
(31) John is looking for dogs. → $\lambda x_o [\text{John-is-looking-for}(x_o)]({}^{\cap}\text{dogs})$
　　　　　　　　　　　　　　　=John-is-looking-for((${}^{\cap}$dogs)
　　　　　　　　　　　　　　　=$\exists x_o [{}^{\cup\cap}\text{dogs}(x_o) \& \text{John-is-looking-for}(x_o)]$

(25) は、類名に対して適用される述語であるので、裸名詞がそのまま述語の項になる。(27) は、個体についての述語であるが、Individual Level Predicate であるので、DKP が一旦適用されるものの、述語自体に普遍量化力があり、こ

の普遍量化詞の方が、DKP で得られた存在量化子を無効にする。(29) と (31) にはDKP が適用されて存在量化子に束縛された個体変項が得られる。

以上の派生は、中国語にも同じようにあてはめることができる。ただし、英語の裸複数名詞と中国語の裸名詞は、二つの点で異なっている。一つは、中国語の裸名詞には定の解釈がある点であり、もう一つは、主語位置にある裸名詞は不定の解釈を受けることが難しい傾向を持つ点である。Yang 2001 は、一つ目の違いを、中国語に音声形式のない定冠詞の存在を想定して説明している。二つ目の違いについては、中国語の持つ主題指向性の強さによって説明している。以下、まず、定の解釈の問題から取り上げる。

前述したように、中国語の裸名詞は、文中のどの位置にあっても、比較的自由に定の解釈をうけることができる。Yang 2001 は、この定指示の解釈は、中国語に定冠詞がないため、Chierchia 1998b の提案したタイプシフターのうちの、音声形式のない ι を自由に用いて得られると説明している。本稿でも、音声形式のない ι を想定する点では同じだが、第一章で述べたように、質料的領域から状況依存的に派生する時に ι がすでに含まれていると考える。この方が、中国語の裸名詞では、定解釈が不定の解釈よりも広い分布を示すという事実をよく説明する。

もう一つ、英語の裸複数名詞と中国語の裸名詞の異なるのは、主語位置では不定の解釈を受けにくい点である。

(34) Dogs are barking.
(35) 狗　　在　　叫。
　　　犬　ている　吠える
　　　（犬が吠えている。）

(35) の「狗（犬）」は、普通の解釈では、特定の犬を指していると感じられ、ある一匹の犬が吠えているという不定の解釈はないと従来言われてきた。この点について、Yang は次のような例文を挙げて反論している。

(15) 外面 狗　　在　　叫。
　　　外　犬　ている　吠える
　　　（外で犬が吠えている。）

(15)のように、文頭に場所や時間等の要素や副詞があらわれると、主語位置にある裸名詞を不定に解釈することが容易になる。Yang 2001は、この現象を中国語が主題指向性が高い言語であることから説明している。中国語の主語は、主題と解釈されることが多く、一般に主題は定の指示物である。従って、中国語では主語位置の名詞は定に解釈されるのが普通であるが、上例のように、主題位置になんらかの要素が現れていると、この要素の方が主題と解釈され、主語は主題の役割を担う必要がなくなる。従って、この場合には、不定の解釈も可能になる。構造的には、次のような違いに表すことができる。

(36) 狗　在　叫。
　　　犬　ている　吠える
　　a. [TopP　　[IP 狗在叫]]
　　b. [TopP 狗ᵢ [IP proᵢ 在叫]]

aの構造を持つときには、「狗（犬）」は定指示と不定指示の読みを持つことができるが、bの構造を持つときには、定指示にしか解釈されない。そして、主題指向性の高い中国語では、bの構造の方に解釈されやすい。

次に、第一章で述べた派生と、状況の定義を踏まえ、その他の解釈も説明できることを示す。

3.3. 提案

3.3.1. 非一回性の文脈
先に見たように、以下の例文における裸名詞は、具体的な事物を指してはおらず、総称的であったり、非指示的であったりするが、これらの文には、どれも一回性の出来事を表していないという共通点がある。

(37) 学生　尊敬　有　学问　的　老师。
　　　学生　尊敬する　ある　知識　Mod.　先生
　　　（学生は知識のある先生を尊敬するものだ。）

(38) 他 每天 上 山 打 柴。
　　　彼　毎日　登る　山　打つ　薪
　　（彼は毎日山に登り柴を刈った。）

(39) 夏日的一天, 他 要 上 山 打 柴。
　　　夏のある日　　彼　しよう　登る　山　打つ　薪
　　（ある夏の日、彼は山へ柴刈りにいこうとしていました。）

(40) 我　愛　看　书。
　　　私　好きだ　見る　本
　　（私は本を読むのが好きだ。）

(41) 我　喜欢　熊猫。
　　　私　好きだ　パンダ
　　（私はパンダが好きだ。）

　(37)は一般的事実について述べ、(38)は「毎天（毎日）」という副詞を含んでいることから分かるように、習慣について述べている。(39)には「夏日的一天（夏のある日）」という副詞があるものの、「要（するつもりである）」という助動詞があるため、述べられている動作は必ずしも現実に実現したとは限らない。(40)と(41)については、いずれも「愛（好きだ）」や「喜欢（好きだ）」などの、一定の期間持続する心理状態を表す動詞がある。これらの文の共通点は、（ある一定の条件の下にある）すべての状況について、その文の表す内容が成り立つことを表している点である。そこで、文の意味と名詞の指示対象の関係を次のように表すことができる。（個体変項を x, y, z で表す。≦…は、ここでは…という種に属するという意味を表す。）

(37)' 関連する状況においていつも、個体 x が個体 y を尊敬する状況が成り立つ。
　　　　ここで、x≦学生^k、かつ、y≦知識のある先生^k
(38)' 一日のうち、関連する状況であればいつも個体 x が個体 y に登り、個体 z を刈る状況が成り立つ。
　　　　ここで、x＝主人公のおじいさん、かつ、y≦山^k、かつ、z≦薪^k

(39)' 夏のある日について、個体 x の意図する状況のすべてにおいて、個体 x が個体 y に登り、個体 z を刈る状況が成り立つ。
　　　ここで、x＝主人公のおじいさん、かつ、y≦山^k、かつ、z≦薪^k
(40)' 関連する状況において、いつも個体 x が個体 y を進んで読むことが成り立つ。
　　　ここで、x＝話者、かつ、y≦本^k
(41)' 関連する状況においていつも、個体 x が個体 y を好むことが成り立つ。
　　　ここで、x＝話者、かつ、y≦パンダ^k

だが、ここで、そもそもその種に属する個体を得るためには、第1章で導入した原子化または複数化の操作が必要であったことを思い出そう。

(42) 状況依存的可算化)
　　　$Count_s(K) = \lambda s \iota x [x \leq Count_s(K)]$
　　　s＝状況、K＝類名の領域

類名から状況依存的に取り出される個体は、いつも状況項を含んでいる。また、第一章で述べたように、中国語の裸名詞の解釈は、定を基本にする方がより自然である。従って、この派生を次のように表すことができる。

(43) Kを類名とすると、
　　　$K \rightarrow \lambda s \iota x [x \leq Count_s(K)]$

これは、状況における、その種に属する唯一の個体、またはその種に属する個体からなる最大集合を取り出す働きである。これを用いることにより、(37)〜(41)は次のように表すことができる。

(37)" ∀s [s は関連する状況である→ s における個体 x≦$Count_s$(学生^k) が s における個体 y≦$Count_s$(知識のある先生^k) を尊敬している]
(38)" ∀s [s は一日のうち、関連する状況である→ s において、主人公のおじいさんが s における個体 y≦$Count_s$(山^k) に登り、s における個体 z≦$Count_s$(薪^k) を刈る]

(39)" ∀s [s は夏のある日、おじいさんの意図する状況である→ s においておじいさんが s における個体 y≦Count_s(山ᵏ) に登り、s における個体 z≦Count_s(薪ᵏ) を刈る]

(40)" ∀s [s は関連する状況である→ s において話者が s における個体 y≦Count_s(本ᵏ) を進んで読む]

(41)" ∀s [s は関連する状況である→ s において話者が s における個体 y≦Count_s(パンダᵏ) を好む]

このように、これらの文に現れた裸名詞は、状況項 s を通して普遍量化子により束縛されている。このことがこれらの名詞の総称／非指示的な解釈につながっている。即ち、個々の状況においては、それぞれ個体が存在しているが、その状況が無数にあるため、特定の個体を指示しているとは感じられなくなるのである。

ここで、主語位置に現れた場合の解釈と、目的語位置に現れた場合の解釈の違いについて考えよう。同じ非一回性の出来事を表す文であっても、范开泰1991の指摘したように、裸名詞が主語位置に現れると、その裸名詞の表す属性を持つすべての個体についての記述である（総称指示）と感じられるのに対し、裸名詞が目的語位置に現れると、任意の個体について述べている（非指示）と感じられる。この主語-目的語間の非対称性は、(21)～(23) に示したように、微妙な違いであるが、どのように説明できるだろうか。

第二章で、状況を入力と出力の値割当て関数のペアの集合として定義した。

(44) S = { <g, h>: (g(x) ∈ P ∨ g(x) ∈ P) ∧ h(x) ∈ P }

そこで、主語名詞句を X、目的語名詞句を Y とおいて、X V Y という文を考えてみると、主語名詞句 X が発話された時点で、状況に変化が生じ、それが目的語名詞句 Y の解釈に影響をおよぼす。X と Y はそれ自体では特別な関係を持たないのだが、同一の状況を共有しており、また X が Y に先行していると言う点で Y の指す指示物の自由度が X によって制限されると言う関係にある。主語名詞句が普遍量化子に束縛されているとして解釈されるのに対し、目的語名詞句が存在量化子に束縛されていると感じられるのは、量化される対象集合が制限されていないか、いるかの違いに還元することができる。

3.3.2. 一回性の文脈

　一回性の出来事を述べる文でも、裸名詞が現れる位置によって定／不定の解釈のどちらがより得やすいか変化する。まず、裸名詞が主語位置に現れた場合から考えてみよう。まず、一回性の出来事を述べる文では、状況は既存のものを受け継ぐか、新たに設定するかのどちらかである。既存の状況を受け継ぐとは、すでにある状況に連言で新たな指定が加わることを表す。従って、集合を表すλでこれを表す。一方、新たに設定するとは、それまでにない状況をつくり出すことである。これは、状況を存在量化子で束縛することで表すことができる。よって、一回性の出来事を述べる文は、二種類の論理表示を持つ。

(45) 熊猫　　跑掉　了。
　　 パンダ　走る-落ちるCRS
　　 ((例の)パンダが逃げてしまった。)

(45)' a. λs ιy [y≦Count$_s$(パンダ^k) & s において、y が逃げた]
　　　 b. ∃s ιy [y≦Count$_s$(パンダ^k) & s において、y が逃げた]

(45)' a では、「熊猫（パンダ）」は、パンダという種に属し、かつ既存の状況に存在する個体、つまり定の指示物として解釈される。一方、b では、新たな状況を設定しているので、新しい個体、即ち不定の指示物であると解釈される。ιが変項を束縛しているので、一見、どちらも定の解釈のように見えるが、状況、即ち値を与える関数の集合のあり方が異なるため、一方は従来の定の解釈に、もう一方は結果的に不定の解釈になる。

　これだけならば、主語位置の裸名詞の解釈は、定／不定のどちらも自由にとれるように見える。しかし、発話は一定の状況の中で行われるのが普通であり、全く新しい状況での発話は、唐突と感じられる。(45) も、通常は既存の状況の中で発話されていると解釈され、従って、裸名詞は定に解釈される。主語位置でも不定の解釈がとれるのは、状況設定のマーカーが存在する時である。Yang 2001 が例としてあげた (15) のように、文頭に現れた場所や時間等の要素は新たな状況設定のマーカーと感じられ、(45)b のように不定に解釈されることが可能になる。

　この説明は、目的語位置に現れた場合も説明する。目的語位置に現れた裸名詞は、定／不定どちらの解釈も等しく容易である。

(46) 我　看見　熊猫　了。
　　　私　見る-見える　パンダ　CRS
　　（私はパンダを見た。）
(47) 他　上　山　去　了。
　　　彼　登る　山　行く　CRS
　　（彼は山に登りに行ったよ。）

(46)と(47)では、裸名詞の「熊猫（パンダ）」「山（山）」は、定の指示物にも、不定の指示物にも解釈できる。

(46)' a. λsιy[sにおいて、話者はyを見た ＆ y≦Count$_s$(パンダ^k)]
　　　 b. ∃sιy[sにおいて、話者はyを見た ＆ y≦Count$_s$(パンダ^k)]
(47)' a. λsιy[sにおいて、おじいさんはyに登りに行った
　　　　　　　　　　　　　　　　　　　　＆ y≦Count$_s$(山^k)]
　　　 b. ∃sιy[sにおいて、おじいさんはyに登りに行った
　　　　　　　　　　　　　　　　　　　　＆ y≦Count$_s$(山^k)]

これは、すでに主語、動詞が状況設定に寄与しているためである。既存の状況の中で発話されたと感じられる時、裸名詞は定の解釈を持ち、新たな状況を設定された中で発話されたと感じられる時には、不定の解釈を持つ。

3.4. 状況項を含んでいることの根拠

　以上、原子化または複数化操作と、それをもとにした(43)による類名から個体の派生、及び状況項の束縛のされ方と個体変項に対する値の割り当てにより、中国語の裸名詞の四つの解釈を説明した。次に、この分析、特に状況項を導入する(43)の派生が正しいことを統語的振る舞いから検証する。

3.4.1. 指示詞、量化詞との非共起性

まず、中国語においては、裸名詞は、一般に指示詞や量化子と直接結びつくことができないと言われてきた。

(48) a. *这　书
　　　　この　本
　　 b. *每　书[2]
　　　　それぞれ本

ただし、指示詞の場合に限り、目の前にその指示対象があったり、直前に指示されていたりして、すでにどの個体をさすのか明らかであるような環境においては裸名詞と直接結びつきうる。[3]

(49) a. 这　孩子 嗓子 很　好。
　　　　これ 子供　のど とても 好い
　　　　（この子は声がよい。）
　　 b. *每　　孩子 嗓子 很　好。
　　　　それぞれ 子供　のど とても 好い
　　　　（どの子も声がよい。）
(50) "杏儿, 你来,　帮　你岑子哥　把 衣服　穿上　　试试。"
　　　　杏児　　おいで 助ける 君の岑子兄さん BA 服 着る-載せる 試す(重畳)
　　　（「杏児、おいで！君の岑子兄さんを手伝って服を着せて見なさい。」）
　　 a. 杏儿闻　喊　急急地　　跑出来,　　欢喜地　　看 一眼 那　衣服。
　　　　杏児 聞く 叫び 急いで 走る-出る-来る 嬉しそうに 見る ちらっと その　服
　　　　（杏児は声を聞いて急いで走ってきて、嬉しそうにその服をちらっと見た。）

---

2)「毎人（それぞれの人）」、「毎天（毎日）」という言い方はできるが、この場合、「人（人）」「天（日）」は量詞としての働きを兼ねているからである。その証拠に、これらの語はいずれも量詞を介さずに数詞と直接結びつくことができる。
　　一人　得　道, 鸡犬　升天。
　　１人 得る 権勢 鶏犬 上がる 天　（一人が権勢を得ると、その一族郎党までもが出世する）
　　我　看 了　三天 书。
　　私 見る 完了 ３ 日 本　（私は三日間本を読んだ。）

3) 杉村 1995 参照。

b. *杏儿 闻 唤 急急地 跑出来, 欢喜地 看 一眼 每 衣服。
　　杏児 聞く 叫び 急いで 走る-出る-来る 嬉しそうに 見るちらっと それぞれ 服
（杏児は声を聞いて急いで走ってきて、嬉しそうにそれぞれの服をちらっと見た。）

裸名詞が類名を指示しているとき、それは固有名詞と同じタイプであり、指示代名詞の修飾を受けたり、量化されたりできないのは当然である。裸名詞が (43) の変換を受けた場合が問題になるが、このときも指示詞や量詞とは直接結びつけないことを説明できなければならない。そこで、以下、指示詞と量化子の性質を明らかにし、この違いを説明する。

　指示詞「这（これ）」と「那（あれ）」は、話者からの距離に応じて直示的に対象を指示する。[4] 従って、指示詞は、以下のように、状況項をとり、話者に近い／遠いに応じて、唯一の個体または唯一の個体の集合を当てる関数であるとみなすことができる。

(51) 指示詞の翻訳 I
　　　a. 这 → ιx[発話の場 s において x は話者に近い]
　　　b. 那 → ιx[発話の場 s において x は話者に遠い]
(52) 这 是 我 的 书, 那 是 你 的 书。
　　 これ Cop. 私 Mod. 本　あれ Cop. 君 Mod. 本
　　（これは私の本、あれはあなたの本です。）

また、これら指示詞は、このように単独で使われるだけでなく、類別詞を伴う名詞句と結びついて、その名詞句の表す属性を持ち、かつ話者からの距離について指定された対象を指すことができる。

(53) 我 看完 了 这 本 书。
　　 私 見る-終わる 完了 これ 冊 本
　　（私はこの本を読み終わった。）

この用法は、状況項に対し、話者に近い／遠いに応じて、名詞の表す属性を持つ

---

4) 空間的距離だけでなく、心理的な距離も含まれるが、本稿では、空間的距離の遠近を表す用法を基本と考え、心理的距離に応じて指示する用法については扱わない。

唯一の個体または唯一の個体の集合を割り当てる関数であると定義できる。(51)の定義にも対応するために、名詞の表す属性の存在は任意であることを括弧で表し、以下のようにまとめることができる。

(54) 指示詞の翻訳Ⅱ
  a. 这→（λP）ιx [（x∈P &）発話の場 s' において x は話者に近い]
  b. 那→（λP）ιx [（x∈P &）発話の場 s' において x は話者に遠い]
    ここでP∈D$_{<e,t>}$、これは指示代名詞後続する名詞で与えられる。

この翻訳を認めると、(43)の派生を受けた裸名詞は指示詞と結びつくことができない。(43)の派生を受けた裸名詞は、状況から個体の集合への関数を表しているため、上の翻訳の変項Pのタイプ（<e, t>）と合わないからである。一方、次の章で詳しく見るが、類別詞を伴った名詞はタイプ<e, t>に変換されている。従って、類別詞を伴っているならば、指示詞と結びつくことができる。
 一方、「毎（それぞれ）」という量化子は、指示詞と違って単独で用いられることがない。この点において、指示詞とは根本的に異なる。

(55) *毎 有 孩子。
  それぞれ ある 子供

「毎（それぞれ）」は後続する名詞で指定される属性を持つ個体の集合が、すべて述語の表す属性を持つ、という意味を表す。従って次のように定義することができる。

(56) 毎（それぞれ）→λPλQ∀x[x∈P→x∈Q]
   ここで、P、Q∈D$_{<e,t>}$、Pは後続する名詞で与えられる。

この場合、「毎（それぞれ）」が裸名詞と直接結びつくことができないのは明らかである。裸名詞は、類名を表すか、状況の集合から個体の集合への関数を表し、「毎（それぞれ）」が必要とするような個体の集合 P を与えることがないからである。

それでは、次に、指示詞はときに裸名詞が直接結びつけるのに対し、「毎（それぞれ）」は決して直接結びつくことはないという違いを考えてみよう。
　指示詞と裸名詞は結びつくことはできないが、指示詞と裸名詞とがそれぞれ独立して指示物を確定することはできる。従って、両者が同格の関係にあって、たまたま同一の指示物を確定することもあり得る。その結果、(49)a や (50)a のように指示詞と裸名詞が直接結びついているように見えると考えられる。指示詞と裸名詞は、ともに状況に対して唯一の個体または集合を選びだすが、状況が共通し、かつそれぞれの表す属性、話者からの距離と名詞句の表す属性を兼ね備えた指示物が得られる時、並列して用いることができる。あてはまる指示物が得られないとき、この表現は用いられない。このことは、以下のようにまとめることができる。

(57)「这孩子」の s における解釈
　　　ιx [x は発話の場 s において x は話者に近い] & ιy [$y \leq Count_s$(子供)]
　　　x と y に与えられる値が一致するとき、その対象を指す。
　　　それ以外の時、定義できない。

この定義と (54) の定義を比較すると、「这孩子」と「这个孩子」は、意味的に全く同じであり、使われる環境について「这孩子」の方が制限が大きいだけであると言える。
　一方、「毎（それぞれ）」の方は、必ず属性を項にとって用いられ、単独で用いられることはない。次のように名詞を伴わず現れることもあるが、必ず量詞を伴っている。量詞は、名詞によって決まるものである以上、この場合は後続する名詞が省略された場合であり、はじめから存在しない (49)a や (50)a のケースとは異なる。

(58) a. 毎　 本　都　是　我　的　书。
　　　それぞれ 冊 みんな Cop. 私 Mod. 本
　　　（どれもみな、私の本です。）
　　b. *毎　　都　是　我　的　书。
　　　それぞれ みんな Cop. 私 Mod. 本
　　　（どれもみな、私の本です。）

以上のように、裸名詞に対して前節で定義したような意味を与えると、裸名詞と指示代名詞、及び量化子との併用関係を説明することができる。

3.4.2. モーダルの作用域との相互作用

裸名詞は、「要（〜するつもりだ）」や「想（〜したい）」などの助動詞と作用域との相互作用に関して、独特の多義性を示す。

(59) a.（どの地方の女の子と結婚したいかと聞かれて）
　　　　我　　想　　娶　北京姑娘，他　　想　　　娶　　上海姑娘。
　　　　私　したい　娶る　北京の女の子　彼　〜したい　娶る　上海の女の子
　　　　（僕は北京の女の子と結婚したいし、彼は上海の女の子と結婚したい。）
　　b.（目の前にいる各地方から来た女の子の中で）
　　　　我　　想　　娶　北京姑娘。
　　　　私　したい　娶る　北京の女の子
　　　　（私は（あの）北京の女の子と結婚したい。）

この多義性が存在することは、裸名詞の持つ状況項が、「想（〜したい）」に束縛される場合と、現実に指定される場合の両方があることがわかる。

(60) a. $\forall s\ \iota x\ [\ s$ は私が望んでいる状況 $\to x \leqq \mathrm{Count}_s(北京娘^k)$ であり、私は x と結婚する$]$
　　b. $\exists s\ \iota x\ [\ x \leqq \mathrm{Count}_s(北京娘^k)$ であり、私は x と結婚したい$]$

3.5. まとめ

以上、現代中国語における裸名詞の指示対象について考察し、ここで立てた仮説が中国語の幾つかの現象をよく説明することを見てきた。本章での主な主張は以下の通りである。

1. 現代中国語の裸名詞は類名を表し、質料的構造をその外延として持つ。

2. 本来類指示である裸名詞は、可算化操作を経て、<s,e>タイプへの変換される。
3. この操作を設定することにより、裸名詞の解釈、指示代名詞との共起関係、モーダルの作用域との相互作用等を説明することができる。

第四章　量詞の機能

4. 量詞

　第二章では、量詞が統語的に質料的領域から原子の領域と複数の領域を派生すると述べた。ここでは、その主張をもとにより詳しく量詞の働きを見ていく。量詞に個体化の働きがあるとする主張自体は新しいものではなく、大河内1985でも「量詞の個体化機能」として提案されている。本稿では、裸名詞の表す個体との違いをより明確にする提案を行う。裸名詞にも、前章で見たように、個体を表すことはできる。しかし、裸名詞と量詞を伴った名詞句とでは、二つの違いがある。即ち、裸名詞の表す個体は状況に依存的であるのに対し、量詞を伴った名詞句のあらわす個体は、状況項を含まない。さらに、裸名詞の表す個体は、状況に対して定の指示物であるのに対し、量詞を伴った名詞句のあらわす個体は任意の個体を表す。本稿では、この違いがそれぞれの解釈の幅の違いと出現分布の違いを説明することを示す。

　以下、4.1.では、類別詞と計量詞の違いを説明し、本稿ではこの二つを機能としては同じ働きをするとみなすことを述べる。4.2.では、Krifka 1995、及びChierchia 1998a で提案された量詞の扱いを紹介し、中国語に適用する際の問題点について論じる。4.3.では、第二章で提案した量詞の機能に基づいて、数量詞の機能について論じる。4.4.では、数量詞を伴う名詞句の解釈を紹介し、裸名詞との共通点及び違いを説明する。4.5.では、数量詞を伴う名詞句と、裸名詞とでは分布の違いがあることを観察し、本稿の主張にに により説明できること

を示す。4.6.では、非量詞と呼ばれる中国語独特の用法について述べ、その表す意味が本稿の主張と合致することを見る。

4.1. 類別詞（classifiers）と計量詞（massifiers）

量詞には大きく分けて類別詞と計量詞がある。この二つはまず、意味的に見て、類別詞は結合する名詞のクラスを指定しており、計量詞は結合する名詞の表す対象の量をはかる単位を提供しているという違いがある。例えば、「一顆花生米（一粒のピーナッツ）」、「一只猫（一匹の猫）」等の「数詞＋類別詞＋名詞」の結合では、名詞の表す対象は類別詞を付加される以前に既に一つ一つ個体化された対象であると感じられる。類別詞は、いわばその名詞の属すクラス、多くはその形態に基づいた分類分けを表しているにすぎない。それに対し、「一碗汤（一杯のスープ）」、「一斤肉（一斤の肉）」等の名詞句では、名詞の表す対象は個体ではなく、計量詞を用いることによって始めて数えうる対象となる。[1] 以下、この2種類の量詞の違いを紹介する。

(i) 類別詞と名詞の間には、名詞修飾のマーカーである「的」を挿入することができないが、計量詞と名詞の間にはできる。

(1) a. *三 顆 的 花生米
        3 粒 Mod. ピーナッツ
        (*3粒分のピーナッツ)
  b. *三 只 的 猫
        3 匹 Mod. 猫
        (*3匹分の猫)
(2) a. 三 箱 的 书
        3 箱 Mod. 本
        (3箱分の本)

---

1) さらに、「一群人（一群の人）」、「一箱书（一箱の本）」のように、名詞の表す対象は個体であるが、それをさらにグループにまとめる働きをするものも存在するが、その振る舞い上、類別詞または計量詞に分類されるので、ここでは取り上げない。

b. 三　碗　的　汤
　　　　3　　碗　Mod. スープ
　　（3碗分のスープ）

「的」の有無による意味の違いははっきりとしたものではないが、「的」を伴うと、その名詞の表す対象の属性を表す意味合いが強くなることが指摘されている（Cheng 1996）。即ち、特に計量詞が名詞の転用（2）からなる場合、名詞の指示対象はその計量詞の表す容器に入った状態にあると感じられやすいのに対し、「的」を伴った表現は、その計量詞で量られた分量だけのものがあると感じられ、容器自身の存在は前提とされない。

(ii) 類別詞は形容詞の修飾を全く受けないが、計量詞は大きさ、長さなどの形状を表す形容詞に限って修飾を許す。

　(3) a. *一　大　　顆　花生米
　　　　1　大きい　粒　ピーナッツ
　　　（*一大きな粒のピーナッツ）
　　b. *一　大　　只　猫
　　　　1　大きい　匹　猫
　　　（*一大きな匹の猫）
　(4) a. 一　小　　箱　书
　　　　1　小さい　箱　本
　　　（小さい箱に入った本）
　　b. 一　大　　碗　汤
　　　　1　大きい　碗　スープ
　　　（大碗一杯のスープ）

　Cheng 1996 はこの両者の違いについて、前者が完全に類別詞として文法化されているのに対し、後者は名詞の特性を残している点に理由を求めた。即ち、類別詞はもともと類別詞主要部の位置に生成され、類別詞が補部として取っている名詞句の主要部は空であるが、計量詞は始めに名詞主要部の位置に生成され、後に類別詞主要部に移動しており、名詞主要部には計量詞の痕跡がある。この名詞

主要部の位置にある成分の違いが、「的」を伴って名詞修飾ができるかどうかに影響を与えるとしている。[2] 本稿では、それぞれの意味を扱うため、計量詞に二つの翻訳、つまり名詞と類別詞の翻訳を与え、「的」を伴って名詞修飾をするのは、名詞としての用法の時であると考える。「的」の働きについては、次の章で扱うため、本章では、類別詞としての働きのみを扱う。従って、以下「量詞」と呼ぶのは、類別詞と、類別詞用法の計量詞である。

4.2. 先行する研究

ここでは、量詞に対して形式意味論的アプローチで分析を試みた、Chierchia 1998a、Krifka 1995, 1998 を紹介する。

4.2.1. 従来の分析

Krifka 1995 は、類別詞と名詞の間に観察される選択制限を説明するために、OU（Object Unit）と言う関数を提案し、これを類名に適用することで、その類名にふさわしい量詞が得られると提案した。例えば、「熊（熊）」を例に取ると、OUの適用を受けて「只（匹）」という量詞をかえす。

(5) OU(熊) = 只

ただし、一つの類名は、このような個体を表す類別詞以外に、集団を表す類別詞や計量詞も取ることができる。そこで、状況に応じて異なる量詞を取ることがで

---

[2] 詳しくは、「的（の）」を伴った数量詞は $[_{NC}\ [_{Cl}\ 汤][_{ClP}\ 五[_{Cl'}\ 碗[_{NP}\ t_j]]]]$ という名詞節の関係節化されたもの、即ち $[_{ClP}\ [_{CP}\ OP_i[_{NC}\ [_{Cl}\ t_i][_{ClP}\ 五[_{Cl'}\ 碗[_{NP}\ t_j]]]]的][_{ClP}\ 汤_i]]$ であると仮定し、さらに、類別詞には、もともと類別詞が類別詞主要部の位置に生成され、その補部にはproが現れた構造、即ち $[_{NC}\ [_{Cl}\ 猫][_{ClP}\ 五[_{Cl'}\ 只_j[_{NP}\ pro_j]]]]$ という構造を、計量詞には、計量詞がもともと補部位置に生成され、後に類別詞主要部に移動して作られる $[_{NC}\ [_{Cl}\ 汤][_{ClP}\ 五[_{Cl'}\ 碗[_{NP}\ t_j]]]]$ という構造を仮定した。そこで、類別詞が述部となっている構造を関係節化すると、proがCl主要部に移動できないため、容認されなくなる。（Chengは中国語ではClが英語のDに相当すると考え、proが代名詞として働くためには必ずここに移動しないといけないと考えている）。一方、計量詞が述語の場合、類別詞の補部には、計量詞によりコントロールされた痕跡があるのみであり、問題は生じない。従って類別詞の関係節化はできないが、計量詞の関係節化はできると説明した。形容詞の修飾の可否については、純粋な類別詞は名詞の性質がないため、形容詞による修飾をうけないが、計量詞はもともと名詞であったので、一部の形容詞の修飾を許すのであると考えている。

きるように、この関数は可能世界に依存しているとした。ここではその関係を下付文字のiをOUに付加して表す。

(6) $OU_i(熊) = 只$

こうして得られた量詞は、対象に適用されて、その対象を量詞の表す単位で計って得られる量をかえす働きをする。量詞をCl、対象をX、整数をnで表すと、これは次のようになる。

(7) $Cl(X) = n$

従って、例えば「一只熊（一匹の熊）」は次のような表される。

(8) $\lambda k \lambda i \lambda n \lambda X [OU_i(k)(X) = n](1)(i)(熊)$
$\rightarrow \lambda X [OU_i(熊)(X) = 1]$

次に、Chierchia 1998a の主張を紹介する。Chierchia 1998a では、英語の類別詞が以下の三つの特徴を有していることをまず観察した。

1）関係的である；of 前置詞句がないと不自然である。
  (9) ?There are three grains on the floor.

2）名詞と類別詞の組み合わせはある程度決まっている。
  (10) *Four grains of that water/those men

3）類別詞によっては、複数の関係名詞をとったり、単数の関係名詞をとったりする。
  (11) a. Two slices of cake/*cakes
       b. One pack of cigarettes/*cigarette

1）の特性より、類別詞はそれ自体で独立したものではなく、項を要求することが分かる。従って、類別詞を（部分）関数だと考えることができる。2）の特性

からは、ある類別詞が適用される範囲はあらかじめ決められていることが分かる。従って、この関数の適用される領域も適切に限られていないといけない。このことから、類別詞は全関数ではなく、部分関数であると考えられる。[3] 最後に、その適用される領域は具体的にどのようなものかが問題になるが、3）の特性を見る限り、一見、適用される領域は単数でも複数でも良いように見える。しかし、単数の場合は、いつも質料名詞であることから、複数名詞と質料名詞が共通してもつ領域、即ち複数性の領域に適用されると言える。一方、類別詞の適用によって得られるのは、単数性の領域、即ち個体からなる領域にある要素との関係を示すものである。従って、複数性の領域にあるすべての要素 u に対して、u がその類別詞の修飾を受けうるものであれば、単数性の領域においてその要素に対応するすべての個体 u' と関係を結ぶ。"three grains of rice" を例に取ると、

(12) three grains of rice
$\forall u \in U\text{-}At \land \forall u' \in At, |grain|_w(u)(u')$
$\Leftrightarrow u'はuからなる丸くて堅い小さなもの$

Krifka 1995 と Chierchia 1998a は、ともに量詞を関数として捉えているものの、その適用される範囲も、適用の結果得られるものも異なっている。[3] 前者は、量詞の適用される領域に制限を課していないが、後者は複数性の領域に制限している。また、適用の結果得られるものも、前者は整数であるのに対し、後者は個体の集合である点が異なっている。

4.2.2. 問題点

まず、Krifka 1995 の提案した類別詞／計量詞を、対象に適用されて整数を与

---

[3] A の領域から B の領域への関数 f を考えるとき、A のすべての要素が B の中に対応する値を持つとき、f を全関数と呼び、A の一部のみが B の中に対応する値を持つとき、f を部分関数と呼ぶ。後者は単に関係とも呼ばれる。

[3] kg などの、純粋に量を量るための計量詞については、いずれも対象に対し実数を与える関数であるという主張で一致している。
  Chierchia 1998a：複数または単数のものから実数への部分関数。（実数をQで表す）
    $n\,pounds(P)(Q) = \exists u \in P[pnd(u)=n \land n \in Q]$
  Krifka 1995：ある世界において、対象に対し、実数を与える関数。
    $\lambda y \lambda n \lambda i \lambda x [R(x, y) \land measure\,word_i(x) = n]$

える関数であるとする主張は、中国語においてある問題を引き起こす。それは、中国語ではしばしば数詞が省略される点である。

(13) 我　　要　　买（一）把　伞。
　　　私　つもりだ　買う（一）　本　傘
　　（私は一本傘を買うつもりだ。）

これでは、関数の与える値が見つからないと言うことになってしまい、関数の定義に反する。[4] それでも、(13)では、省略されている数詞が「一」であることは明らかなので、数詞が現れていないときには、1を割り当てるよう定義することができるかもしれない。だが、特に「个（個）」という類別詞に限ってではあるが、数詞を補えない用法（以下、この用法の「个」を非量詞と呼ぶ）がある。

(14) 他　常　在　我　这儿　吃（*一）个　饭，喝（*一）个　茶　的。
　　　彼　よく　で　私　ここ　食べる　(1)　GE　ご飯　飲む　(1)　GE　お茶　DE
　　（かれはよく私のところでご飯を食べたりお茶を飲んだりするのだ。）

この非量詞の「个」については、従来、他の量詞とは全く性質が異なっていると見られてきた（呂叔湘1945、李宇明1988、李炜1991、山添1998参照）。非量詞は、量詞と違って目的語名詞句を修飾しているのではなく、動詞を修飾しているようだということが指摘されてきた。また、名詞だけでなく、動作量を表す表現や、形容詞の前にも現れる点でも異なっている。

　一方、本稿では、Chierchia 1998aの提案した固有複数性仮説を採用しないことは第二章で既に論じた。単数や複数という可算領域は、質料的領域から直接派生される。次の節では、第二章の提案を踏まえると、量詞にどのような意味論が与えられるかを見る。

---

4) 関数が関数として働くためには、定義域の全ての要素に対し、それぞれ唯一の値が存在しなければならない。

4.3. 提案

第二章では量詞が統語的レベルで働くとき、次のような機能を持つと述べた。

(15) Kを類名、Clを量詞とすると、
$$Cl(K) = \lambda x [x \leq K]$$

さて、これまでは、量詞の働きのみに注目してきたが、量詞はほとんどの場合、数詞と共に使われる。そこで、数詞の働きについても定義する必要がある。ここでは、数量詞繰り上げによって、数量詞を含む名詞句が文頭に繰り上げられ、それぞれ名詞句の表す属性と、述部の表す属性を持つ個体の数を指定すると考える。

(16) 数量詞（QP）繰り上げ

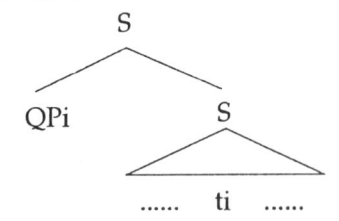

```
          S
         / \
       QPi   S
            / \
         ...... ti ......
```

(17) 数詞の定義
$$\text{Num} \rightarrow \lambda Q \in D_{<e,t>} \lambda P \in D_{<e,t>} \exists^{\text{Num}} x [Q(x) \wedge P(x)]$$
（$\exists^{\text{Num}} x$ は、x が Num の数だけ存在することを表す。）

これは、数詞は、それの修飾する名詞の表す属性を持つ個体の集合と、動詞の表す属性を持つ個体の集合に対し、両者の交わりを取り、その交わりがいくつの要素でできているかを明示するものだと言うことである。また、この数詞の定義を認めるならば、数詞が項としてとるものは、必ず <e,t> タイプであることになる。第二章と第三章で述べたように、中国語の裸名詞には、類名を表すときの <e> タイプと、状況依存的可算化を経て得られる個体指示の用法、<s,e> タイプがあるのみで、<e,t> タイプはない。このことが、数詞と裸名詞が直接結びつかない理由である。一方、(15) の派生から分かるように、量詞は裸名詞を<e,t>タイプにかえる働きをする。そこで、数詞は量詞を伴った名詞を項に取ることができるのである。

第四章　量詞の機能

　さて、裸名詞と量詞を伴った名詞句には、意味タイプとしてこのような違いがあるのだが、さらに解釈上の違いもある。次の節では、このタイプの違いが、裸名詞と数量表現を伴う名詞句の解釈の違いを説明することを見る。

4.4. 数量詞を伴った名詞句の解釈

　前章では、裸名詞の解釈を一回性文脈と非一回性文脈にわけることで、その解釈の違いが説明できることを見た。この章では、数量詞を伴った名詞句が持ついくつかの解釈について述べ、それらの解釈がどのように派生されるかを見る。
　まず、数量詞を伴った名詞句は、裸名詞と違って、類を項に取る述語の項になることができない。つまり、類名の読みはない。

(18) *一　只　　熊猫　　絶种　　了。
　　　1　匹　パンダ　絶滅する　CRS
　　　（一匹のパンダが絶滅した。）
(19) *法国人　　　発明　　了　一　輌　车子。
　　　フランス人　発明する　完了　1　台　車
　　　（フランス人が一台の車を発明した。）

　第二章で量詞が質料的領域（類名）から可算的領域を取り出しているという仮説について述べたが、上の現象はこの仮説を支持している。だが、数量詞を伴う名詞句の他の読みについては、定、不定、総称、非指示の四つのうち、定を除く三つが裸名詞と重なる。以下、数量詞を伴う名詞句の解釈について具体的に説明する。
　　陈平1987では、数量詞を伴う名詞句は、まず「无指」即ち非指示的読みと「有指」即ち指示的読みの二つにわけられ、指示的読みはさらに「实指」透明の読みと「虚指」不透明の読みにわけられる。[5]

---

5) 陈平は、他に、数量詞を伴う名詞句のうちでも、2以上の具体的な数量を表す場合は、定の読みがあり得ると述べている。
　門一打开，进来一男两女三个青年，都很精神。
　（門が開くと、男一人と女二人、三人のはつらつとした若者が入ってきた。）
　三个客人嗅嗅鼻子，似乎不习惯这屋子的烟味和臭袜子味。
　（三人の客はくんくん臭いを嗅ぎ、この部屋の煙の臭いとよごれた靴下の臭いに慣れない様子だった。）

63

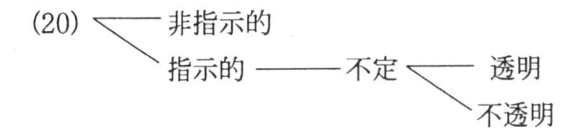

(20)　　┬── 非指示的
　　　　指示的 ─── 不定 ┬── 透明
　　　　　　　　　　　　└── 不透明

　　数量詞を伴う名詞句の非指示的読みは、コピュラの後、比喩、条件文、疑問文、否定文などに現れた時に得られる。非指示的解釈の場合の例を以下に挙げる。

(21) 雍士杰　是　一　名　菜农,　今年　五十岁。
　　　雍仕傑　Cop.　1　名　野菜農家　今年　五十歳
　　　（雍仕傑は野菜農家で、今年５０歳になる。）

(22) 像　一　根　木头棒子　楔　在　原地,　一动不动。
　　　ように　1　本　木の棒　打ち込む　に　その場所　身動きだにしない
　　　（一本の木の棒がそこに打ち込まれたように、身動きだにしない。）

(23) 没　　想到　他　的　办公室　连　一　张　桌子　都　没有。
　　　なかった　思う-つく　彼　Mod.　事務室　さえ　1　枚　机　も　なかった
　　　（彼の事務室に、机一つさえないとは、思いもよらなかった。）

　　さて、数量詞を伴う名詞句が指示的読みを持つ時、常に不定の解釈を受ける。

(24) a. 从　外面　走进　一　位　陌生　女子。
　　　　から　外　歩く-入る　1　人　見知らぬ　女の子
　　　　（外から一人の見知らぬ女の子が入ってきた。）
　　　b. 一　位　陌生　女子　从　外面　走进来。
　　　　1　人　見知らぬ　女の子　から　外　歩く-入る-来る
　　　　（外から一人の見知らぬ女の子が入ってきた。）

　　このうち、どの対象を指しているかが聞き手には分からないが、話し手には分かっている読みが透明な読みであり、話し手と聞き手の双方にとってどの対象を指しているかが明らかでない場合が不透明読みである。以下、数量詞を伴う名詞句がモーダルの作用域に現れる時を例に、この二つの読みを説明する。

(25) 老杨　想　娶　一位　北京　姑娘。
　　　楊さん したい めとる 1人 北京 娘
　　　a. 楊さんはある特定の北京の娘と結婚したいと思っている。
　　　b. 楊さんはだれでもいいので北京の娘と結婚したいと思っている。

aは透明な読み、bは不透明な読みである。

　最後に、数量詞を伴う名詞句には総称的読みもある。ただし、この読みは、同一文中にこの数量詞を伴う名詞句を指す代名詞が現れるとき、他の数量詞を伴う名詞句が現れるときや、条件文で得られる。[6]

(26) 一个　地方　的　气候　跟　它　的　纬度　有关。（陈平 1987）
　　　1個　場所 Mod. 気候　と それ Mod. 緯度 関係がある
　　　（どの場所の気候もその緯度と関係がある。）
(27) 一个　人　有　一个　人　的　长处。（范开泰 1991）
　　　1個　人　ある 1個　人 Mod. 長所
　　　（どの人にも長所がある。）
(28) 一个　人　没有　血液，心脏　就　停止　跳动。（大河内 1985）
　　　1個　人　ない　血液　心臓 すると 止まる 鼓動
　　　（人に血液がなければ、心臓は鼓動をやめる。）

まとめると、数量詞を伴う名詞句は以下の三つの解釈を持つ。

(29) 1. 不定
　　　2. 非指示
　　　3. 総称（特殊な環境）

不定の解釈については、数詞の定義の中に存在量化子が含まれている。一方、非指示的な読みは、モーダルの作用域内に存在量化子があることからうまれる。最

―――――――
6) 大河内 1985 では、次のような例文で、数量詞を伴う名詞句が総称的読みを持つとしている。
　　一部 自行车　很　贵。
　　1台 自転車 とても 高い　（自転車一台は高い。）

後の総称的読みについては、文中に変項が二つ現れた時に典型的に見られるという特徴がある。この二つの変項を結び付ける働きをする論理演算子は、普遍量化子（$\forall x [P(x) \to Q(x)]$）であり、これらの文は、解釈の際に普遍量化子を補って解釈されているようである。ただし、その補われ方については、今後さらに検討する必要がある。

裸名詞に見られる定の解釈は、数量詞を伴う名詞句には当然のことながらない。これは、裸名詞がιを含んでいるのに対し、数量詞を伴う名詞句の派生にはιがないからである。

4.5. 数量詞が付加される環境

4.5.1. 現象の説明

前章で見たように、中国語においては、名詞は、文中で裸のまま用いることができ、必ずしも数量詞を伴わなくてもよい。しかし、ある環境においては、数量詞を伴う方が自然であったり、逆に伴わない方が普通であったりする。どのような時に数量詞を伴い、どのような時に伴えないかと言う問題は、これまでもよく論じられてきた（中川 1973、中川・杉村 1975、大河内 1985、陆俭明 1988、中川・李 1990 など）。この節では、これらの先行研究で観察された現象、及び提案された説明を紹介する。まず、事物の存在を表す文(30)や、出現を表す文(31)において、それら存在したり出現したりする事物を表す名詞は数量詞を伴うことが多い。（大河内 1985、陆俭明 1988）

(30) 山谷底下，乱石堆里　躺　着 *(一个)人，骨瘦如柴，　白发苍苍。
　　　谷底の下　乱石の山 中 横たわる 持続 一 個 人 骨は薪のように痩せ 白髪ぼうぼう
　　　（谷底乱石の山に一人の人が横たわっており、薪のように痩せぼうぼうの白髪である。）

(31) 前面　走来　*(一个) 老太太。
　　　前　歩く-来る　1 個 おばあさん
　　　（前から一人お婆さんが歩いてくる。）

さらに、他動詞文においても、動詞が完了のアスペクト助詞「了」または補語を伴うとき、その文が完全な叙述文として成立するためには、目的語は数量表現

を伴わねばならないこと（32）（33）、また、二重目的語構文においても、一般に直接目的語は数量表現を伴わねばならないこと（34）が指摘されている。（中川1973、陆俭明1988）

(32) 张三 吃　了 *(一个) 苹果。
　　　張三 食べる 完了　1 個　リンゴ
　　　（張三は一つリンゴを食べた。）

(33) '什么 事儿？' "打破　*(两块) 玻璃。"
　　　　何　　事　　打つ-壊れる　2 塊　ガラス
　　　（「どうしたの？」「二枚ガラスを割った。」）

(34) 他　临 走　时 送给 我 *(一　　张)中国画儿。
　　　彼　際 去る ときに送る 私　一　　枚　中国画
　　　（彼は立ち去る際に、私に一枚の中国画を贈ってくれた。）

以上をまとめると、意味的な関係はどうであれ、Xをアスペクト助詞と補語とすると、[VP VX　NP]のNPは数量詞を伴っている方が自然であるとまとめることができる。このような制限がなぜあるのかについては、すでにいくつかの先行研究で説明が試みられている。例えば、中川1973、中川・杉村1975、中川・李1990の一連の研究では、中国語の名詞は、本来集合概念を表し、そのままでは複数の事物を表していると解釈されるため、特に単数の事物を表す際には、数量詞が必須であると述べている。他に、大河内1985では、中国語の名詞は、もともと類名という抽象的なレベルの事物を表しているため、その具体化及び個体化として数量詞が必要であると述べている。しかし、この二つの説明は、必ずしもすべての現象を網羅することはできないようである。例えば、以下のような文脈において、なぜ [V(X) NP] のNPが数量詞を必要としなくなるのかを説明することができない。

(35) [家里 来 人] 不 得 招待？
　　　家 中 来る 人 ないできる 招待する
　　　（家に人が来たのに、接待できないだって？）

(36) [打破 玻璃 的] 人 找到 了。
　　　打つ-壊れる ガラス Mod. 人 探す-達成する CRS
　　　(ガラスを割った人が見つかった。)

(37) [送 学校 油画 的] 是 五五年 的 毕业生。
　　　送る 学校 油絵 Mod.Cop. 55年 Mod. 卒業生
　　　(学校に油絵を送ったのは、55年の卒業生です。)

(38) [张三 吃 了 苹果], 又 跑 了。
　　　張三 食べる 完了 リンゴ また 走る CRS
　　　(張三はリンゴを食べてまた走った。)

(39) 张三 吃 苹果 了。
　　　張三 食べる リンゴ CRS
　　　(張三はリンゴを食べた。)

(40) 我 不 给 你 鱼 了。
　　　私 ない あげる 君 魚 CRS
　　　(私はあなたに魚を揚げないことにしよう。)

(41) "给 我 酒！" "好, 马上 就 来。"
　　　あげる 私 酒　　　はい 直ちに すぐ 来る
　　　(「酒をくれ！」「はい、今すぐ。」)

(42) 我 要 去 抓 人。
　　　私 つもりだ 行く 捕まえる 人
　　　(私は彼を捕まえに行く。)

一部［］で示したように、条件節内 (35)、埋め込み文内 (36)(37)、または後続節がある場合 (38) においては、動詞に後続する名詞が数量表現を伴わなくても良い。また、現在と関係があることを示す語気助詞「了」を文末に伴っているとき (39)、(40) や、命令文 (41)、モーダル助動詞などがあるとき (42) においても同様に数量表現を伴わなくても成り立つ。先に挙げた先行研究の説明では、これらの環境において数量表現が必要ないことの説明はできない。次の 4.5.2. では、これらの環境には、状況項を束縛する演算子が存在することを示し、この演算子の存在によって、数量表現が現れなくても容認されるという説明をする。なお、これらの文脈において、数量詞を伴った名詞句はもちろん現れることができる。

この場合は、(16)の数量詞繰り上げを経て、主語名詞句と述部が結びつくため、問題は生じないのである。

　次に、数量詞がついてはいけない場合を見てみよう。まず、動詞を二度くり返し使って一つの出来事についての描写をする構文において、初めの動詞の目的語名詞句は、数量詞がついてはいけないという制約がある。

(43) 小王 看 （*一本） 书　看得　　　　忘了吃饭。
　　　王君 見る　一　冊　本 見る-Deg. ご飯を食べるのを忘れる
　　　（王君は本を読んでいて、ご飯を食べるのを忘れた。）

この構文は、動詞を繰り返すという特殊な操作を伴うため、よく研究者達の注目を集めてきた。記述に重点を置いた研究に丁恒順1989、秦礼君1985などがある他、格付与の制約、つまり動詞が「得～」という補語を伴うと、目的語名詞句に格を付与できないという制約を立てて説明を試みた研究には、Hashimoto 1970、Li 1990がある。しかし、いずれも、目的語名詞句が数量詞を伴えないのはなぜかを説明することはできない。一方、機能主義的研究では、この制約を説明しようと言う試みがいくつか見られる。Li & Thompson 1981は、一つ目の動詞-目的語名詞（「看书（見る-本）」）は「凍結」されてひとかたまりとなっているために、目的語名詞句は数量詞をともなえないと主張した。だが、数量詞ではなく、指示代名詞＋量詞を付加することは可能なため、動詞-目的語が凍結して一つの構造になっていると言うことはできない。

(44) 他 爬 这 座 山 爬 了　　五次。（Tsao 1991）
　　　彼 這う この Cl. 山 這う 完了　五回
　　　（彼はこの山を五回登った。）

一方、赵1968、Tsao 1987、Tsao 1990、Hsieh 1992、Liu 1995、町田1992では、最初の動詞-目的語は第二主題を表わす名詞句であると主張されている。しかし、名詞句であるという説明によっても、最初の目的語に数量詞が付加できないことは説明できない。中国語では「動詞-数量詞-目的語名詞」の構造が、そのまま名詞句になることは、以下のように可能である。よって、(43)のよう

動詞を繰り返して作る第二主題が数量詞を許さないのは、この構文に特有の現象である。

 (45) 喝 一 杯 酒 是 起码 的 要求。
   飲む 1 杯 酒 Cop. 最低限 Mod. 要求
  （一杯の酒を飲むことが、最低限の要求である。）

 本稿では上のような動詞繰り返し構文において一つ目の動詞の目的語名詞が数量詞を伴えないのは、一つ目の動詞句がそれだけで完結する（真理値となる）ことがこの構文の機能に反するからであると考える。次の節では、この制約も他の目的語名詞にかかる制約と同様な方法で説明することができることを示す。

4.5.2. 検証
 ここでは、前節で挙げたような、数量詞を伴う名詞と裸名詞が交換できない例を、本稿での量詞の定義によって説明できるかを見る。
 まず、[$_{VP}$ V NP] のNPが数量詞を伴うことについて見てみよう。

 (31) 前面 走来 *(一个) 老太太。
   前 歩く-来る 1 個 おばあさん
  （前から一人お婆さんが歩いてくる。）
 (32) 张三 吃 了 *(一个) 苹果。
   張三 食べる 完了 1 個 リンゴ
  （張三は一つリンゴを食べた。）

 この問題は、従来、文終止の問題の一つとしても注目されてきた現象である。即ち、ある文が完全な叙述文として容認されるためには、目的語名詞句が数量表現を伴っていなければならない。[7] 文終止の問題は、決して名詞句の問題だけ

---

[7] 贺阳 1994、黄南松 1994、竟成 1996、孔令达 1994 参照。 なお、動詞-目的語構造の表す動作が、非日常的なもの、即ち、「毒をのむ」とか「団体に加入する」といったものの時は、この形式でも文が完結したと感じられる。
 张三 吃 了 毒药。
 张三 食べる 完了 毒薬 （張三は毒薬をのんだ。）
 张三 加入 了 民盟。
 张三 入る 完了 民盟 （張三は民盟に入った。）

でなく、動詞の形式も問題になるが、ここでは名詞句の素性にのみ注目する。
　まず、完全な陳述文として容認される場合の派生について、(31) と (32) を例に取って示す。

(31) 前面走来一个老太太。
　　前面走来→λy∈D$_{<e>}$ [yが前の方から歩いてくる]
　　一个老太太→λP∈D$_{<e,t>}$ ∃1x [x≦おばあさん^k] ∧ P(x))
　　前面走来一个老太太→∃1x [x≦おばあさん^k ∧ xが前の方から歩いてくる]
(32) 张三吃了一个苹果。
　　一个苹果→λP∈D$_{<e,t>}$ ∃1x [x≦りんご^k ∧ P(x)}]
　　张三吃了→λy∈D$_{<e>}$ [張三がyを食べた]
　　张三吃了一个苹果→∃1x [x≦りんご^k ∧ 張三がxを食べた]

　一方、次のように [$_{VP}$ V NP] でありながら、裸名詞が許されるのは、その現れている環境が裸名詞の持つ状況項を束縛するからである。

(35) [家里　来人]　不　得　招待？
　　　家中　来る人　ない できる　招待する
　　　(家に人が来たのに、接待できないだって？)
(38) [张三吃　了苹果], 又　跑　了。
　　　張三食べる　完了　リンゴ　また　走る　CRS
　　　(張三はリンゴを食べてまた走った。)

上述したように、名詞が裸のままで容認される文脈は、動詞が状態を表している場合を除くと、条件節、埋め込み文、後続節を伴う場合、否定文や命令文、モーダル助動詞を含む場合、また語気助詞「了」を文末に伴っているときであった。

(35) 家里来→λy∈D$_e$ [yが家に来る]
　　　人→λsιx∈D$_{<e>}$ [x≦Count$_s$(人^k)]
　　　家里来人→λy∈D$_e$ [yが家に来る](λsιx∈D$_{<e>}$ [x≦Count$_s$(人^k)])

これは、これらの行為が日常的に考えて、一回のみであるという語用論的推測がされ、状況が一義的に指定されるからだと思われる。

このままでは、λ変換が行えない。従って、この文は容認されない。しかし、これが埋め込まれているとき、前述のように成立する。成立した結果、全体としては、次のような論理表示になるはずである。

(46) 家里来人不得招待
　　　∀s[sにおいて家に来る人がいる]→[sにおいて接待できない]

ここで、状況項が普遍量化子によって束縛されていることが重要な違いとなる。第一章で述べたように、xを束縛する普遍量化子は、既存の値割り当て関数と、xについてたかだか異なる新たな値割り当て関数を導入する働きがある。この働きのため、裸名詞の状況項が定まり、λ変換が可能になる。もう一つ例をあげる。

(38) 张三吃了→λy∈$D_{<e>}$[張三がyを食べた]
　　　苹果→λsιx∈$D_{<e>}$[x≦$Count_s$(リンゴ^k)]
　　　张三吃了苹果
　　　→λy∈$D_{<e>}$[張三がyを食べた](λsιx∈$D_{<e>}$[x≦$Count_s$(リンゴ^k)])

同じく、λ変換が不可能である。この場合、一回性の文脈であるが、状況はまだ完結していない。

(47) 张三吃了苹果，又跑了
　　　→∃s[sにおいて張三がリンゴを食べた]∧[sにおいて張三が走った]

次に、語気助詞の「了」についても、これは命題を真理値に変える働きをすると仮定できるようである。語気助詞「了」は、その文の表すことがらが、発話の時点と関与的であることを示し状況を限定する働きをするからである。

(48) 了→λs λP∈$D_{<s,t>}$[P(s)]
(39) 张三吃苹果了
　　　→λs λP∈$D_{<s,t>}$[P(s)](λs[sにおいて張三がリンゴを食べる])(s_0)

最後に、数量詞が許されない場合を見てみよう。(43)のような動詞反復構文

において、一つ目の動詞の目的語は数量詞をとることができない。これは、数量詞がつくと、前後の動詞句の状況を一致させることができなくなるためであろう。

(43) 小王　看（*一本）书　看得　　　忘了吃饭。
　　　王君 見る　一　冊　本 見る-Deg. ご飯を食べるのを忘れる
　　（王君は本を読んでいて、ご飯を食べるのを忘れた。）

二つ目の「看（見る）」の後には、目的語があらわれることはできないが、これは音声形式のない変項として存在していると思われる。この変項へ割り当てられた値が、状況が異なっていると、その直前の「书」の指示物と同一であることが保証されない。よって、数量詞の出現が不自然になるのである。

(49) 小王　看（*一本）书　看x得　　　忘了吃饭。
　　　王君 見る　一　冊　本 見る Deg. ご飯を食べるのを忘れる
　　（王君は本を読んでいて、ご飯を食べるのを忘れた。）

4.6. 非量詞の「个」[8]

前節でも紹介したように、現代中国語には、非量詞の「个」と呼ばれる形態素がある。この形態素は、量詞の「个」とは区別される。大まかな区別としては、量詞の「个」は、人や丸いもの、また抽象的な事柄を表す名詞に使われ、数詞を伴って用いられるが、非量詞の「个」には、使われる名詞の制限がなく、一般に数詞を伴うことができない、少なくとも2以上の数詞を伴うことができないと言う違いがある。この非量詞の「个」については、これまでにも、呂叔湘 1945, 李宇明 1988, 李炜 1991, 山添 1998 などで取り上げられてきた。が、それらはいずれも非量詞の由来や、その表す意味についての考察であった。本稿では、非量詞の「个」は状況項を存在量化子で束縛する働きを持つという新しい提案をする。

以下、4.6.1.では、非量詞のもつ特徴について述べ、本稿で射程としている非量詞の範囲を明らかにする。4.6.2.では、主要な先行研究を紹介する。

---

8) この節の内容は、伊藤 1999 をもとに大幅な修正を加えて完成したものである。

4.6.3.では、非量詞の現れる文脈の制約について述べ、最後に4.6.4.では、非量詞も扱えるように量詞の定義に対して修正を提案する。

4.6.1. 非量詞の「个」とは

本稿が分析の対象とするのは、裸名詞からなる目的語の前に付加される量詞「个」である。

(50) 我们　冲　个　澡　吧。
　　　 私たち　すすぐ　GE　洗い　しよう
　　　（体を洗おう。）

この「个」は、量詞の「个」と以下の点で区別される。

(I) 非量詞の「个」は、2以上の数詞とは共起不可能である。多くの場合、数詞の1とも共起できない。[9] 量詞の「个」はいかなる数詞とも自由に共起できる。

(51) *我们　冲　两　个　澡　吧。
　　　 私たち　すすぐ　2　GE　洗い　しよう
　　　（二度体を洗いましょう。）

非量詞の「个」が数詞と共起することができない以上、ここに数詞が省略されていると考えることはできない。この点において、類別詞の「个」とははっきり異なっている。類別詞の「个」も数詞を伴わずに現れることはできるが、それは数詞の「一（1）」が省略されているのであり、よって任意に「一（1）」を補う

[9) ある場合にはここに非量詞の「个」として挙げた例の中にも、数詞を伴うことができるように見えるものがある。
　　你白天在队里干那活儿也叫干活儿吗？
　　君は昼、隊であの仕事をしたが、仕事をしたと言えるの？
　　　　混一两个工分罢了。
　　　　一、二個労働点数をごまかしただけだ。
この場合、不定量を表す「一两」（一、二）という数詞は補えるが、「一」（一）は補えない。即ち、この場合の「个」も、それが取れる数詞の種類に制限があり、純粋な類別詞としては機能していないと考えられる。ここでは、不定量を表す数詞を取ることができる「个（GE）」も非量詞に入れ、純粋に数を表している場合と区別する。

ことができる。

 (52) 我　买　了　(一) 个　苹果。
   私　買う 完了　1　個　リンゴ
  (私はリンゴを１個買った。)

(II) 非量詞の「个」は、それが付加される要素に制限がない。量詞の「个」は、一定の類の名詞に使われうる。

 (53) a. 因为　听说　你的　母亲　会　　读 个 书 写 个 字，
    なぜなら そうだ あなたの 母 ～できる 読む GE 本 書く GE 字
       才　想　见见　谈谈　的。
       やっと思う 会う　話す　Mod.
  (あなたのお母さんは少し学があるそうだから、会って話してみたいと思ったのです。)
   b. 因为　听说　你的　母亲　会　　读 *本 书 写 个 字，
    なぜなら そうだ あなたの 母 ～できる 読む 冊 本 書く GE 字
       才　想　见见　谈谈　的。
       やっと思う 会う　話す　Mod.
  (あなたのお母さんは少し学があるそうだから、会って話してみたいと思ったのです。)
 (54) a. 我　　送给　　你　*个　书　。
    私　贈る-あげる 君　GE 　本
  (あなたに一冊の本をあげます。)
   b. 我　　送给　　你 本 书。
    私　贈る-あげる 君 冊 本
  (あなたに一冊の本をあげます。)

通常の類別詞は、付加できる名詞の種類が決まっている。「个」の場合も、小さくて丸いもの、人、抽象的なものなど、そのとれる名詞の範囲が非常に広いとは言っても、やはり、ある程度決まっている。従って、(54)のように、本来「本(冊)」という類別詞をとる名詞「书(本)」に対して、「个」を使うことはできない。[10]　これに対し、非量詞の「个」にはこのような制限がなく、いろいろ

---

10) 指示詞と共起して、「这个(この)」や「那个(あの)」という形式になった場合には、例

な名詞に付加されうる。また、上に述べたように、普通は類別詞を取ることのない、動作の回数や持続時間を表す表現と形容詞に対しても用いられる。

(III) 非量詞の「个」は主題の位置には使えない。

(55) a. *个 饭 也 没 吃。
　　　　GE ご飯 も ない 食べる
　　b. 一 口 饭 也 没 吃。
　　　　1 口 ご飯 も ない 食べる
　　（ご飯を一口も食べない。）
(56) a. *个 人 常 在我 这儿 吃 饭, 喝 茶 什么的。
　　　　GE 人 いつも で 私 ここで 食べる ご飯 飲む お茶　など
　　b. 两 个 人 常 在 我 这儿 吃 饭, 喝 茶 什么的。
　　　　2 個 人 いつも で 私 ここで 食べる ご飯 飲む お茶　など
　　（二人はいつも私のところでご飯を食べたりお茶を飲んだりする。）

a と b を比較すると分かるように、前置が許される要素であっても、それらに非量詞の「个」が付くことはない。なお、形容詞については、そもそも前置される例がないので、当然非量詞の「个」を伴って主語位置に現れることもない。

(IV) アスペクト助詞の「着」と共起することができない。
　非量詞の「个」がある場合、動詞は完了を表すアスペクト助詞「了」のみを伴うことができ、持続を表す「着」を伴うことはできない（李炜1991）。[11]

　　(57) 我们 冲 了 个 澡。
　　　　私たち すすぐ 完了 個 洗い
　　　（私たちは体を洗った。）

外も見られる。この場合、指示詞と類別詞が一つの単語として機能しているものと思われる。

11) 経験を表すアスペクト助詞「过」も非量詞の「个」と共起しない。だが、数量詞を伴う名詞句も「过」と共起しない。従って、非量詞と量詞を区別する基準にすることはできない。
　　　*我们 冲 过 个 澡。
　　　私たち すすぐ 経験 GE 洗い（私たちは体を洗ったことがある。）
　　　*他 吃 过 一 个 芒果。
　　　彼 食べる 経験 1 個 マンゴー（彼は一個マンゴーを食べたことがある。）

(58) 他　吃　了　一　个　苹果。
　　　彼　食べる　完了　1　個　リンゴ
　　（彼は一個リンゴを食べた。）

(59) *我们　冲　着　个　澡。
　　　私たち　すすぐ　持続　GE　洗い
　　（私たちはちょっと体を洗っている。）

(60) 他　吃　着　一　个　苹果。
　　　彼　食べる　持続　1　個　リンゴ
　　（彼は一個リンゴを食べている。）

4.6.2. 先行研究

　非量詞の「个」については、呂叔湘 1945、輿水 1964、朱徳熙 1982、李宇明 1988、李炜 1991、山添 1998 などの著書、論文に記述がある。まず、呂叔湘 1945、李宇明 1988、山添 1998 では、非量詞の「个」は、名詞の表す事物の量を表すというよりも、動作の回数を表すために用いられていることが指摘されている。中でも、李宇明 1988、山添 1998 の両者は、非量詞の「个」の作用域が動詞句全体であり、構造的にも動詞と名詞が結合した後に初めて非量詞の「个」と結合するという考えを提案している。

(61) 吃　　个　　饭
　　食べる　GE　ご飯

　非量詞の「个」の意味については、名詞に付加される非量詞の「个」は、前節でも述べたように出現が任意であるため、これが付加されることによりもたらされるニュアンスの変化がよく論じられてきた。それらは、非量詞の「个」は動作・行為の軽便さ、とるに足らなさなどの意味を表すとまとめることができる。山添 1998では、動詞の重ね型や普通の動詞-目的語構造との比較を通して、非量詞の「个」の表す意味について詳しい下位分類を試みた。その下位分類とは、並列型、対照型、単独型の三つである。

(62) 並列型

　　　他　愛　画　个　画儿，写　个　字　什么的。
　　　彼　好む　描く　GE　絵　書く　GE　字　　　など
　　　（彼は絵を描いたり、字を書いたりなどするのを好む。）

(63) 対照型

　　　一方面　留　个　紀念，一方面　作　个　备忘。
　　　一方　　留める　GE　記念　　一方　　する　GE　備忘
　　　（記念にすると共に、備忘にもする。）

(64) 単独型

　　　我　去　打　个　电话。
　　　私　行く　打つ　GE　電話
　　　（私はちょっと電話しに行ってきます。）

並列型と対照型は、共に V个O 形式が二つ以上が連続して使われるのが特徴である。並列型は動作・行為の一部列挙をし、日常性・習慣性のある動作・行為の軽便さ、非重大さを例示する一方、対照型は語句に軽妙さを与えて印象を深め、名詞を際だたせる働きをする。また、単独型はV个O形式が単独で使われ、「取るに足らない」、「気軽さ」、「自由さ」を表現する。

山添1998は、非量詞の「个」は動作・行為の軽便さ、非重大さを表すという従来の説を踏まえているが、2番目の対照型については、対照させるとは、むしろその重要性を強調することであるので、従来の説明とは相容れない。また、1番目の並列型も、必ずしも行為の軽便さや非重大さを表すとは断言できない。例えば、以下の文では、むしろ「他（彼）」がよく鍛え込んでいることを強調するのであって、その鍛え方が取るに足らないほどであることを言っているのではない。

(65)　別　　看　他　瘦得　　　　跟　猴　似　的，还　老
　　　するな　見る　彼　痩せる-Deg.　と　猿　似ている　Mod.　なお　いつも
　　　玩儿　个　举重，　　练　　　　个　拳击，　要　　　　个　武术　什么的。
　　　遊ぶ　GE　重量挙げ　練習する　GE　拳闘　発揮する　GE　武術　　　など
　　　（彼は猿のように痩せているものの、なおいつも重量挙げをし、拳闘を練習し、武術を
　　　披露したりするのだ。）

よって、非量詞の「个」は、動作・行為の軽便さ、非重大さを表すというのは、必ずしも正確な記述ではないことが分かる。従来の説明は、「一（1）」が省略されている量詞の「个」をも非量詞の中に含めて考えてきたために生じた間違った一般化だと考えられる。

4.6.3. 非量詞の「个」の出現文脈

　非量詞の「个」は、その使われる文脈に制限がある。主に、習慣を表す文や、モーダルの作用域、意志、命令、勧誘を表す文、焦点化構造の焦点部分、条件節などに用いられ、過去の一回性の出来事を表すときには用いることができない。この点については、呂叔湘1945に同様の指摘がある。そこでは、数量表現の前に「个」が現れる現象を観察し、そのほとんどが、未来または一般的出来事について述べている文であることを指摘している。名詞に付加される場合については言及していないが、名詞の前の非量詞の「个」についても同様のことが当てはまる。従来このことがはっきりと指摘されなかったのは、名詞に付加される「个」の場合、非量詞の「个」と量詞の「个」の区別がはっきりしないことに原因があるようである。本稿では、4.6.1.で述べたような特徴を持つものを典型的非量詞と考えており、この分類によれば、付加されている成分が名詞であるか数量表現であるかを問わず、常に未来や非一回性の出来事を表していると言うことができる。なお、完了を表すアスペクト助詞「了」と共起するときには、この一般化は必ずしも当てはまらないように見えるが、これは「了」の持つ働きの特殊性によって説明できることを後に示す。以下、具体的にどのような文脈に使われるのかを示す。

(i) 習慣を表す文：「总是（いつも）」「常常（よく）」「每年（毎年）」「現在（今）」など、動作の頻度を表したり、習慣であることを示唆する意味の副詞が文中に現れることもある。

(66) 他 常 在 我 这儿 吃 个 饭, 喝 个 茶 的。
　　　彼 よく で 私 ここ 食べる GE ご飯　飲む GE お茶 DE
　　（かれはよく私のところでご飯と食べたりお茶を飲んだりする。）

(ii) 非現実の事柄を表す文：文中に助動詞があるか、文自体が命令文である。

(67) 一定　要　一次就　吃　他　个　一百碗。
　　 きっとしよう 一度 すると 食べる それ GE 百杯
　　 (きっと一度に百杯ものを食べてやろう。)

(68) 走　累　了吗？到　亭里　歇　个　脚　吧。
　　 歩く 疲れる LE 疑問 へあづまやの中 休む GE 足 しよう
　　 (歩き疲れましたか？あづまやに行って足を休めなさい。)

(iii) 焦点構造

(69) 你 白天 在队里 干 那活儿 也 叫 干活儿吗？ 混　个　工分　罢了。
　　 君 昼 隊で するあの仕事 も 呼ぶする仕事 疑問 ごまかすGE 労働点数 だけだ
　　 (おまえは日中に隊の中でこんな仕事をしたって、仕事をしたって言えるのかね。労働点数を稼いだだけさ。)

(iv) 条件節

(70) 只要　 我 点 个 头, 医生 会　 扯掉 在他脖子上 的 呼吸器,……
　　 しさえすれば私 肯くGE 頭 医者 しれない 取り去る 彼の首の上 Mod. 呼吸器
　　 (私が肯きさえすれば、医者は彼の首の上の呼吸器をとってしまうかもしれず....)

(v) 「了」

(71) 我　连忙　给 小左　使 了 个 眼色, 小左 不愧是 小左, 赶紧　说:
　　 私　急いで ～に 小左 使う完了 GE 目配せ 左君 恥じない 左君 急いで 言う
　　 (私は急いで小左に目配せした、小左は小左だけあって、急いでこう言った。)

　以上から、非量詞の出現する文脈には、習慣、非現実を表す文脈、または後続節を要求する「了」を伴うとき、という制限があることが分かる。次の節では、非量詞の「个」の働きについて提案を行い、なぜ非量詞の「个」にこのような制限があるのかに対しても、説明を試みる。

4.6.4. 主張

　非量詞も先に見た量詞の定義に従うと仮定する。先に述べた量詞の定義を以下に再掲する。

(72) 量詞の定義
$$\lambda K \, \lambda x [x \leqq K]$$

非量詞が通常の量詞と異なるのは、数詞を伴わないことである。数詞を伴わないため、非量詞は数量詞として振る舞うことができず、よって数量詞繰り上げの適用も受けない。すると、動詞と直接結びつかねばならないが、個体項を要求する動詞とはタイプミスマッチのため、結びつくことができない。

(66) 他常在这儿吃个饭。
　　个饭→$\lambda x [x \leqq$ご飯$^k]$
　　吃个饭→$\lambda x \, \lambda y [y$ が x をここで食べる$]$ ($\lambda x [x \leqq$ご飯$^k]$)

　しかし、非量詞の存在が許される以上、なんらかの方法で動詞と目的語が結びついているはずである。非量詞の「个」を含む構文はすべて、何らかの形で二つの命題を結びつけることのできるオペレーターが含まれている。さらに、非量詞の「个」を伴う要素は、すべてこのオペレーターの束縛を直接受け、存在量化子による束縛は受けないことが分かる。習慣を表す文を例にとると、「常（しばしば）」という副詞がこの役割を果たしていると思われる。この副詞は、動作行為の頻度を表すので、本来状況項を束縛する量化子（量化の副詞、Lewis 1975）であるが、個体項を束縛する働きをし、動詞と目的語名詞句のタイプミスマッチを解消することができる。

(73) 常→$\lambda Q \in D_{<e,t>} \lambda P \in D_{<e,t>}$ Often $x \in D_{<e>} [Q(x) \wedge P(x)]$
(66) 他常在这儿吃个饭。
　　$\lambda Q \in D_{<e,t>} \lambda P \in D_{<e,t>}$ Often $x \in D_{<e>} [Q(x) \wedge P(x)]$ ($\lambda x [x \leqq$ご飯$^k]$)
　　$\lambda P \in D_{<e,t>}$ Often $x \in D_{<e>} [x \leqq$ご飯$^k \wedge P(x)]$ ($\lambda x \lambda y [y$ が z をここで食べる$]$)

$$\text{Often } x \in D_{<e>} [\, x \leqq \text{ご飯}^k \land \lambda y [\, y \text{ が } x \text{ をここで食べる}\,]\,]$$
$$\lambda y \, \text{Often } x \in D_{<e>} [\, x \leqq \text{ご飯}^k \land y \text{ が } x \text{ をここで食べる}\,] (彼)$$
$$\text{Often } x \in D_{<e>} [\, x \leqq \text{ご飯}^k \land 彼 \text{ が } x \text{ をここで食べる}\,]$$

このように、非量詞の「个」を含んだ文は「x がご飯であり、それを彼がここで食べるということがしばしばおこる」という意味を表すことになる。

では、ここで、非量詞のある場合と、裸名詞の場合のニュアンスの違いを比較してみよう。上述のように、非量詞があると、動作・行為の軽便さ、とるに足りなさなど、裸名詞だけの場合にはない特別なニュアンスを表す。裸名詞の翻訳をみると、第二章で述べたように、状況依存的可算化を経て、状況が束縛されれば、動詞の項になることができるようになる。このとき、量化の副詞の束縛する項は状況項のみである。

(74) 他常在这儿吃饭。
$$\text{Often } s \in D_{<s>}, \iota x [\, x \leqq \text{Count}_s(\text{ご飯}^k)$$
$$\land 彼 \text{ が } s \text{ において } x \text{ をここで食べる}\,]$$

これは、「それぞれの状況に唯一のご飯があり、それを彼が食べるということがしばしばおこる」と言う意味である。(66)の論理表示では、「饭（ご飯）」の持つ項は、<e,t>タイプ、即ち任意の個体の集合のままであるが、(74)では ι に束縛されて特定の個体または集合になっている。従って、より限定性の強い裸名詞に対し、非量詞をもつ名詞はどれでもよい任意のものを指す。この名詞句の表す個体の任意性が、動作・行為の軽便さ、とるに足りなさという語感として感じられてきたと思われる。

習慣を表す以外に、非量詞を許す文脈についても、同じく状況項を束縛するオペレーターの存在が確認される。これらのオペレーターが、タイプミスマッチのため本来結び付けない動詞と目的語名詞句を結び付ける働きをしていると考えられる。

(ii)非現実の事柄を表す文（現実との関係で状況を指定する。）

 (68) 到亭里歇个脚吧。
   $\forall s \in D_{<s>}, x \in D_{<e>}$ [s は発話時より後の状況 $\wedge$ x≦足^k $\wedge$ 東屋に行って x を休める]

(iii) 焦点構造（前提と断定の二つの命題を結びつける。）

 (69) 混个工分罢了。
   $\exists s, x$ [x は労働点数 $\wedge$ 私が 状況 s において x をする $\wedge$ 状況 s において期待される事柄は仕事をすることである]

(iv) 条件節（条件節の前件と後件を結びつける。）

 (70) 只要我点个头，医生会扯掉在他脖子上的呼吸器，……
   $\forall s, x$ [x は頭 $\wedge$ 私が 状況 s において x を動かす → 状況 s において医者が彼の首の呼吸器をとる]

(v)「了」（時間的に継起する二つの出来事を表す命題を結び付ける。条件節とよく似た働き。）

 (71) 我使了个眼色，小左说："～"
   $\forall s, x$ [x は目配せ $\wedge$ 状況 s において x をする → 状況 s において小左が～と言う]

4.7. 形容詞に付加される非量詞

非量詞には、名詞に付加される以外に、形容詞に付加されることもできる。

(75) 你　　　应该　　　　　问　个　清楚。
　　　あなた　しなければならない　訊く　GE　はっきりと
　　（あなたは訊いてはっきりさせなければならない。）

(76) 玩　个　痛快！
　　　遊ぶ　GE　思いっきり
　　（思いっきり遊ぼう！）

形容詞は属性を表すので、従来、名詞と同じ <e,t> タイプと見なされてきた。この点において、形容詞に量詞が付加されることがあっても、おかしくはない。動作の様態・結果を表す補語であったものが、動詞の項として解釈されたのだと考えられる。

　ただし、形容詞に副詞がついた時や、程度を表す要素を含む形容詞には、この非量詞の「个」を付加することはできない。

(77) *你　　　应该　　　　　问　个　很　清楚。
　　　あなたしなければならない　訊く　GE　とても　はっきりと
　　（あなたは、訊いてはっきりさせなければならない。）

(78) *玩　个　很　痛快！
　　　遊ぶ　GE　とても　思いっきり
　　（思いっきり遊ぼう！）

この現象については、次章において、形容詞にも名詞と同じように質料的領域と可算的領域の区別があり、既に可算的領域を指す形容詞は、明示的可算化の手段である量詞と相容れないことを示す。

4.8. まとめ

1. 中国語の量詞は、類名を個体の集合に変える働きをする。
2. 裸名詞と数量詞を伴う名詞句は、前者は類名から個体への変換が状況に依存しているが、後者はそうではない点が異なる。従って、状況に依存しなければ得られない定の読みは、数量詞を伴う名詞句にはない。不定、総称、非指

示などの文中のオペレーターに束縛される読みしかないのである。
3. 陳述文において、目的語名詞句は数量詞を伴う方が好まれる。これは、数量詞を伴うことで、束縛されない状況項が現れるのを避け、動詞と目的語がスムーズに関数適用で結びつけられるためである。
4. 数詞を伴わない量詞、即ち非量詞の現れる文脈から、数詞が動詞と目的語名詞句を結び付ける役割を果たしていることが分かる。数詞が存在しない時は、他のオペレーターが必要となる。

第五章　形容詞

5. はじめに

　これまで中国語の裸名詞と数量詞を伴う名詞との違いについて考察し、前者は類名または状況から個体の集合への関数を表すのに対し、後者は単に個体の集合を表すという違いがあることを見た。この章では、この二つの違いが、形容詞という範疇にも見られ、修飾できる名詞について制限があることを見る。
　まず、5.1.では、形容詞の形式的定義について見、従来の研究には、個体から程度インターバルへの関数とする見方と、個体から真理値への関数、即ち個体の集合を表すとする見方の2種類の分析があることを紹介する。5.2.では、中国語の形容詞には性質形容詞と状態形容詞の二種類あることを示し、5.3.では、性質形容詞は程度のスケールを表すが、状態形容詞は個体の集合を表すという提案を行い、この2種類の形容詞の区別と、裸名詞／数量詞を伴う名詞の区別とが平行することを示す。5.4.では、性質形容詞と状態形容詞それぞれのタイプの違いが、各文法的振る舞いを説明することを見る。最後に、5.5.において、修飾のマーカーである「的」の分析についての提案を行う。

---

*　この章の内容は、伊藤2001aに加筆したものである。

5.1. 形容詞の意味論

5.1.1. 個体の集合

　形容詞の意味について、もっとも単純なものに、普通名詞と同じように扱う方法がある。この扱いでは、形容詞は、<e,t> タイプとなり、個体から真理値への関数である。そして、形容詞が名詞を修飾している場合は、その形容詞で表される属性を持つ個体の集合と、その名詞によって表される属性を持つ個体の集合の交わりを指す。しかし、これは形容詞のごく一部しか正しく表すことができない。以下、いくつかの形容詞について、個体から真理値への関数であると見なすことはできないこと、また、それらの形容詞を意味論的に表示する方法について、既に提案されているものを紹介する。

　形容詞の中には、個体から真理値への関数として扱っても問題のないものもある。Kamp 1975、Partee 1995 で交わり型形容詞（intersective adjectives）と呼ばれた一群の形容詞は、以下のように言い換えても真理値が変わらない。つまり、これらの形容詞は、それの修飾する名詞の表す属性を持つ個体の集合を、単に限定する働きをしている。

(1) x is a carnivorous mammal. = x is carnivorous & x is mammal.

しかし、すべての形容詞がこのように分析できるわけではない。例えば、"fake"、"former"、"skillful" などは以下のように言い換えを許さない。

(2) x is a fake gun. ≠ x is fake & x is a gun.
(3) x is a former senator. ≠ x is former. & x is a senator.
(4) x is a skillful surgeon. ≠ x is skillful & x is a surgeon.
(5) x is a small elephant. ≠ x is small & x is an elephant.

"fake" や "former" などの形容詞は、それが修飾する名詞の表す属性を否定する働きをする。即ち、"a fake gun" や "a former senator" は共にその指示物が銃ではないこと、現在議員ではないことを含意している。同様に、"skillful" という形容詞も、x が何について腕がよいのかは、それが修飾している名詞の表す範囲に限られるという特性がある。よって、"x is a skillful surgeon" において腕

の良さは外科医としての技術に限られており、その他の技術に関しては適用されない。"small" という形容詞も、それが修飾する名詞に応じて解釈が変わる。"a small elephant" は一般的象の大きさに比べると小さいことを表しており、動物界の基準からは小さいとは言えないこともあり得る。従って、"fake"、"former"、"skillful"、"small" などの形容詞は交わり型形容詞ではない。よって、形容詞すべてを単なる <e, t> タイプと見なすことはできないのである。

5.1.2. 順序づけられた個体の集合

上述の (2)〜(5) の形容詞の中でも、特に、"small" をはじめとする"tall"、"old" などの形容詞は、これまでにも、曖昧形容詞（vague predicates）、または程度形容詞（gradable adjectives）と呼ばれ、よく取り上げられてきた。これらを順序づけられた個体の集合として分析したものに、Kamp 1975、Klein 1980 がある。これらの研究は、程度形容詞は <e,t> タイプであるが、その定義域が特殊な構造をなしていると主張した。即ち、交わり型形容詞は、その形容詞の表す属性を持つ個体の単なる集合であると考えられるが、程度形容詞は、その形容詞の表す属性を持つ個体の順序付けられた集合である。従って、交わり型形容詞では、ある個体がその属性を持っているか持っていないかしか問題にならないのに対し、程度形容詞では、ある個体がその属性をどの程度持っているかも問題になり、その程度に応じて個体が順序付けられているのである。

この分析に従うと、つけられた順序に従って、形容詞の外延を肯定外延、否定外延、中間外延の三つに区分することができる。つまり、ある個体がその形容詞の表す属性をより有しているときには、それは肯定外延に属し、より有していない時には、否定外延に、そのどちらでもない時には中間外延に属する。この外延の区分は、固定したものではなく、個体間の順序を守っていさえすれば、さまざまな区分の仕方があり得る。そこで、この区分をする関数を d で表すと、程度形容詞 ϕ の比較級「x は y よりも ϕ である」は、以下のように表すことができる。

(6) $\exists d\ [(d(\phi))(x) \land \neg(d(\phi))(y)]$

これは、x が d(ϕ) で与えられる個体の集合に含まれ、かつ y が d(ϕ) で与えられる集合に含まれないような領域の分け方 d があるということを表す。例えば、

以下のような状況を設定した場合、"Kay is taller than John." は、"Kay" を "tall" の肯定外延に写像し、"John" を否定外延に写像するような関数 d がありうるので真である。一方、"Kay is taller than Bill." は "Kay" を "tall" の肯定外延に写像し、"Bill" を否定外延に写像するような関数 d がありえないので偽である。

(7) John = 160 cm
　　Kay = 165 cm
　　Bill = 170 cm

だが、この分析に対し、Kennedy 1999 は、以下の四つの問題点があることを指摘した。
一つ目に対極性異常（Cross-Polar Anomaly）がある。もし、程度形容詞が、個体を肯定外延、否定外延、中間外延の三つに分ける関数であるならば、ちょうど逆の意味を表す二つの形容詞、例えば "happy" と "sad" は、肯定外延と否定外延が入れ替わっているという違いがあるのみで、全くおなじ区分をするはずである。従って、次の (8) のような言い方は、問題はないはずである。しかし、実際の語感としては不自然に感じられる。

(8) ?Mona is happier than Jude is sad.
(9) ∃d [(d(happy))(Mona) ∧ ¬(d(sad))(Jude)]

その一方で、"-er" ではなく、"more" を用いれば、対極にある形容詞同士を比較することができる。ただし、この場合、純粋な程度の比較となる。この構文は逸脱の比較（Comparison of Deviation）と呼ばれているが、形容詞が順序付けられた個体の集合であるとする分析では、程度の比較を行っているという意味をとらえることもできない。

(10) Mona is more happy than Jude is sad.
(11) ∃d [(d(happy))(Mona) ∧ ¬(d(sad))(Jude)]

(10) は、"Mona" が幸せである程度と、"Jude" が悲しがっている程度を比較し

ているという解釈では容認される。このことは、(11)の表示では表すことができない。また、(11)の表示では、"Jude is sad."という命題が偽であることになるが、(10)の文ではむしろ"Jude is sad"という命題は真であることが含意されており、真理条件を正しく表していない。

　また、(10)に同じ形容詞の"-er"形を用いた、逆の比較文を後続させると、(12)のように、前後が矛盾していると感じられる。ところが、その論理表示(13)には矛盾がない。よって、この分析は、形容詞の比較級の構文の意味を正しく捉えていないことになる。

(12) Mona is more happy than Jude is sad, but Jude is happier than Mona.
(13) ∃d [(d(happy))(Mona) ∧ ¬(d(sad))(Jude)] ∧ ∃d [(d(happy))(Jude) ∧ ¬(d(happy))(Mona)]

　三つ目に、異尺度比較不可能性（Incommensurability）の問題がある。以下の文は、"heavy"と"old"という異なる尺度同士を比較しているため、不自然である。しかし、程度形容詞が、個体を三つの外延に分類する関数だと考えると、(15)のようになり、論理表示としては問題がないため、この文の持つ不自然さを説明することができない。

(14) #My copy of The Brothers Karamazov is heavier than my copy of The Idiot is old.
(15) ∃d [(d(heavy))(The Brothers K) ∧ ¬(d(old))(The Idiot)]

　四つ目に、否定的形容詞は量を表す句と共起できないということがある。量を表す句を伴う形容詞文は、以下のように分析されるが、形容詞を否定的にかえると、不自然になることを説明できない。

(16) Mona is three feet tall.
(17) (three feet(tall))(Mona) = 1 iff ∃y ∈three feet: Mona=$_{tall}$ y
(18) #Mona is three feet short.
(19) (three feet(short))(Mona) = 1 iff ∃y ∈three feet: Mona=$_{short}$ y

5.1.3. 個体から程度への関数

形容詞を順序付けられた個体の集合とする分析は、以上のような四つの問題がある。一方、Seuren 1973、Cresswell 1976、von Stechow 1984 らは、形容詞は個体から真理値への関数ではなく、個体から程度への関数であると主張した。この主張は、程度という概念を新しく導入しなければならないが、以上挙げた四つの問題点を解決することができる。以下、形容詞を個体から程度への関数とみなす分析を紹介する。

まず、程度は、それぞれの形容詞の表す属性スケールを構成する点の全順序集合であり、形容詞は、各個体をこのスケール上の一点、程度に投射する。投射された程度は、すでに順序付けられているので、その順序関係に従って文の真理値を判断することができる。例えば、形容詞の絶対級 ABS の真理値は次のように表すことができる。（d は程度を表す。）

(20) $\| \text{ABS}(d_1)(d_2) \| = 1$ iff $d_1 \geqq d_2$

d_1 は主語名詞句に対して与えられた程度、d_2 は文脈上与えられる比較の基準となる程度である。一方、比較級構文では、比較の対象が明示的に与えられているので、主語名詞句に与えられる程度 d_1 と比較の対象に与えられる程度 d_2 との間の関係として表される。

(21) $\| \text{MORE}(d_1)(d_2) \| = 1$ iff $d_1 > d_2$
 $\| \text{LESS}(d_1)(d_2) \| = 1$ iff $d_1 < d_2$
 $\| \text{AS}(d_1)(d_2) \| = 1$ iff $d_1 \geqq d_2$

まとめると、形容詞構文はスケール上の程度同士の関係を表す。この定義に従うと、上述の異尺度比較不可能性、(14) "My copy of The Brothers Karamazov is heavier than my copy of The Idiot is old." が不自然であったのは、同じスケール上にない程度同士は比較できないためであると説明することができる。

しかし、対極性異常、即ち (8) "Mona is happier than Jude is sad." が不自然であることと、否定的形容詞が量を表す句と共起できないこと (18) は、形容詞を個体から程度への関数とする分析でも説明できない問題点である。なぜなら、

"happy" と "sad" は同じスケール上にあって、対を為しているはずだからである。そこで、Kennedy 1999 は、程度を点ではなく、インターバルであると主張することでこの問題を解決した。今、e を程度を表すインターバルとすると、形容詞比較構文を以下のように定義し直すことができる。

(22) $\| MORE(e_1)(e_2) \| = 1$ iff $e_1 > e_2$
    $\| LESS(e_1)(e_2) \| = 1$ iff $e_1 < e_2$
    $\| AS(e_1)(e_2) \| = 1$ iff $e_1 \geqq e_2$

(23) $[e_1 > e_2]$ iff $[e_1 \cap e_2 = e_2 \wedge e_1 \neq e_2]$
    $[e_1 < e_2]$ iff $[e_1 \cap e_2 = e_1 \wedge e_1 \neq e_2]$
    $[e_1 \geqq e_2]$ iff $[e_1 \cap e_2 = e_2]$

肯定的意味を持つ形容詞と、その対となる否定的意味を持つ形容詞は、同じスケール上の肯定極性インターバルと、否定極性インターバルにそれぞれ投射される。異なるインターバルに存在する程度同士では比較することができないと仮定するならば、(8) の不自然さを異尺度比較不可能性と同じように説明することができる。また、肯定極性インターバルは、ある個体の持っている属性を表すのに対し、否定極性インターバルは、ある個体がその属性を持っていないことを表す。従って、属性の量を表す表現である計量句は、(16) のように肯定的形容詞としか共起できないのである。

　最後に、逸脱の比較だが、それぞれの個体が逸脱しているインターバルを同じスケール上に取り出して比較しているとみなすことができる。つまり、次の文は、"Mona" が "happy‒sad" のスケール上で占めている程度インターバルから happy の基準となる程度インターバルを引いた差と、Jude が happy‒sad のスケール上で占めている程度インターバルから、sad の基準となる程度インターバルを引いた差を比較しているのである。

(10) $\|$ Mona is more happy than Jude is sad $\| = 1$ iff $e_1 \geqq e_2$
　　　ここで、e_1 は "Mona" が "happy" のスケール上で基準となる程度 e_{happy} をこえている程度幅、e_2 は "Jude" が "sad" のスケール上で基準となる程度 e_{sad} をこえている程度幅。

以上のように、形容詞を個体から程度インターバルへの関数とみなすと、形容詞を個体から真理値への関数とする分析の問題点を克服することができる。最後に、次の節では、以上の分析で使われた形容詞の程度インターバルは、具体的にどのようなものとみなすべきかを見る。

5.1.4. 質料性との対応

　Kennedy 1999 の用いているインターバルは、通常のインターバルとは少し異なっており、 extent と呼ばれている。ここでは、インターバルという用語で統一するが、通常のインターバルと異なるのは以下の点である。通常、インターバルは、線上のどの部分をも指しうる。しかし、extentは、0か∞を必ず含む。例えば、高さのスケールを (24) のように表すなら、"John is tall." 及び "Bill is short." という文はそれぞれ (25)、(26) のように表すことができる。

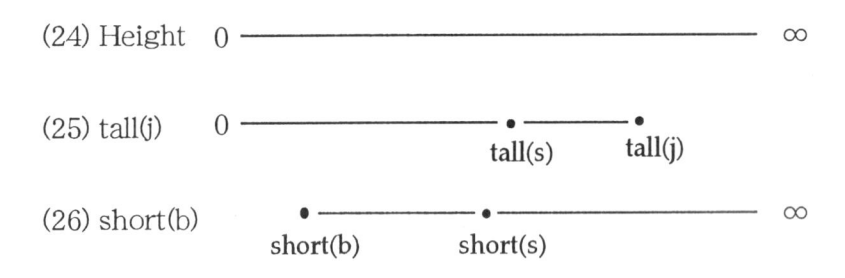

(24) Height　0 ─────────────────────────── ∞

(25) tall(j)　0 ──────────────•────────•
　　　　　　　　　　　　　　　tall(s)　　tall(j)

(26) short(b)　•──────────•──────────────── ∞
　　　　　　　short(b)　　short(s)

今、tall(j) の与えるインターバルを例にとると、これは 0 を左端とし、標準的高さとして与えられる tall(s) よりも長いインターバルとして表すことができる。これに対し、short(b) は、同じスケール上にあるものの、背の高さのなさに注目している。従って、∞を右端として標準的背の高さのなさ short(s) よりも長いインターバルとなる。これは、線上のどこを切り取ることも可能である通常のインターバルとは異なっている。

　このことから、Kennedy のいう程度のインターバルは、程度の累積と読み替えることができる。つまり、tall(j) は、高さの程度を表す点 d の累積、short(b) は高さのなさを表す程度の累積と見なすことができる。この程度の累積という構造を、第一章で説明した半束構造と比較してみよう。

(27) 　　　{a, b, c}
　　　／　｜　＼
　{a, b} {a, c} {b, c}
　　　　＼╳／
　　　a　 b　 c

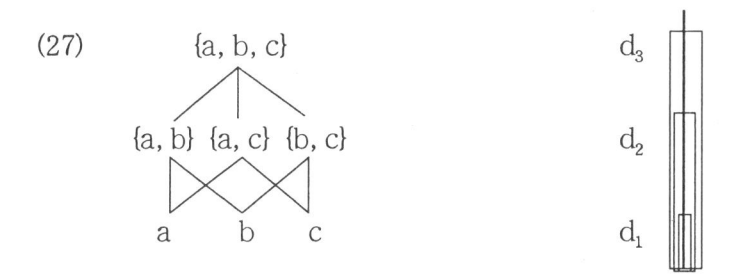

　　　　　　　　　d₃
　　　　　　　　　d₂
　　　　　　　　　d₁

{a, b, c}という集合は、{a, b}、{a, c}、{b, c}、a、b、c それぞれ含み、{a, b} は a、b を含む。半束構造とは、どの2要素をとっても、その2要素を含むような集合が存在する構造であった。今、程度の構造を見ると、程度 d_3 は、程度 d_1 と程度 d_2 の二つの程度を含み、程度 d_2 は、程度 d_1 を含む。よって、どの2要素をとっても、その2要素を含むような集合が見つかる。もちろん、質料名詞の持つ構造は、任意の2要素すべてに含意関係が成り立つわけではない点において、半順序構造であり、これに対して、形容詞の持つ構造は、任意の2要素すべてに含意関係が成り立つ点において、全順序構造を表すという違いはある。しかし、ともに順序付けられた構造である点において、単なる個体や程度の集合とは異なっていると言うことができる。従って、程度の表す構造も質料的領域の一種であると言うことができる。

　以上、形容詞の表す程度のスケールと質料名詞の表す領域の共通点を見たが、形容詞はいつもこのような程度のスケールを表すとは限らない。以下、中国語の形容詞は、2種類あることを示し、その一方のみが程度のスケールを表し、もう一方は個体の集合を表すことを示す。

5.2. 二種類の形容詞

　中国語の形容詞には2種類ある。このことは、龙果夫 1952、朱德熙 1956、朱德熙 1982、吕叔湘 1979、石毓智 1991 などの研究で既に指摘されている。これらの研究における分類の全てが一致するわけではないが、大雑把に言って、単純な形容詞と複雑な形容詞の二分類である点では共通している。この節では、この2種類の形容詞の形態的、文法的振る舞いの違いについて述べる。

　まず、形態的に見て二つに分けることができる。一つは単純な内部構造を持つ

グループであり、もう一つは複雑な内部構造をもつグループである。前者は「白（白い）」のような単音節形容詞が中心であり、後者には「雪白（雪のように白い、真っ白な）」のような複合形容詞、「好好儿（好い）」のような形容詞の重ね型、「緑油油（青々とした緑色の）」のような接尾辞を含む形容詞、及び「很好（とても好い）」のような程度副詞の修飾を受けた形容詞が含まれる。この後者のグループの形容詞は、いずれもその属性の程度を具体的もしくは比喩的に示す働きをする語や文法手段を伴っている点が前者と異なる。以下、慣例に従って、単純な内部構造を持つ形容詞を性質形容詞、複雑な内部構造を持つ形容詞を状態形容詞と呼ぶ。

　この分類は大ざっぱには単音節形容詞と多音節形容詞の区別にほぼ対応するが、一部「干浄（きれいだ、清潔だ）」「大方（気前がよい、おっとりした）」「糊涂（はっきりしない）」「規矩（行儀がよい）」「偉大（立派な）」といった、二つのよく似た意味をあらわす形容詞の並列からなるものや名詞から転用された形容詞は、二音節であっても性質形容詞に分類される。これらの2音節形容詞は、強調形（重ね型）にしたときの形態が状態形容詞とは異なっている。2音節性質形容詞は、ABという二つの音節からなっているとき、AABBという重ね型をとるが、状態形容詞は、ABABという重ね型をとる。例えば、「干浄（きれいだ）」という性質形容詞は、「干干浄浄（たいへんきれいだ）」という重ね型になるが、「雪白（真っ白だ）」という状態形容詞は「雪白雪白（真っ白だ）」という重ね型になる。2音節形容詞はこのように性質形容詞と状態形容詞に分けられる。

　以下、性質形容詞と状態形容詞それぞれについて例を挙げる。

(28)　性質形容詞：高（背が高い），矮（背が低い），大（大きい、年齢が上である），小（小さい、若い），快（速い），慢（遅い），热（熱い、暑い），凉（涼しい），冷（寒い），紅（赤い），白（白い），脏（汚い），干浄（きれいだ），清楚（はっきりしている），模糊（ぼんやりしている）

(29) 状態形容詞：高高（とても背が高い），矮矮（とても背が低い），大大（とても大きい），小小（とても小さい），飞快（飛ぶように速い），慢腾腾（ゆっくりしている），热乎乎（熱々である），冰凉（氷のように冷たい），冷冰冰（氷のように冷たい），通红（真っ赤だ），雪白（雪のように白い），白不雌列（真っ白だ），脏脏（とても汚い），干干净净（とてもきれいだ），清清楚楚（とてもはっきりしている），模模糊糊（全くぼんやりしている）

それでは、性質形容詞と状態形容詞は、一般に統語的にはどのように区別されるのであろうか。統語的振る舞いの異なる点としては、大きく分けて以下の八つがある。以下、龙果夫 1952、朱德熙 1956、石毓智 1991 らの研究で観察された事実と説明を紹介する。

<1> 名詞を修飾する際に、性質形容詞は名詞修飾のマーカーである「的」を必要としないが、状態形容詞は必要である。

(30) a. 白　纸
　　　　白い 紙
　　　b. ＊雪白　纸
　　　　真っ白な 紙
(31) a. ?白　的 纸
　　　　白い Mod. 紙
　　　b. 雪白　的 纸
　　　　真っ白な Mod. 紙

性質形容詞は名詞を直接修飾することも、「的」を伴って修飾することもできるが、状態形容詞は必ず「的」を必要とする。[1] なお、性質形容詞が「的」を伴っ

---

1) 例外は「多（多い）」。「多（多い）」は「多年（長年）」「多孔（多孔性の）」のように、裸名詞と直接結びつくことができるが、結びつく範囲は限られている。例えば、「多人（多い-人）」のような結合は一般にできない。このような量の大小を表す形容詞は、その修飾する事物の内在的特性として解釈することができない点で特殊である。性質形容詞に分類されないとも考えられる。また、副詞の修飾を受けた「很多（たくさん）」は「的（の）」を伴わずに名詞を修飾することができる（「很多人」）という点も他の形容詞とは異なっている。これらの形容詞はここでは、数量詞（量化子）として扱う。

て名詞を修飾するときには、他のものとの比較対照の意味合いが強く生じ、普通の文脈とは異なる。これを、上記の例では「?」で表している。

これら (30) と (31) に見られる違いから、龙果夫 1952 は性質形容詞を「体词性形容词（体言性形容詞）」と呼び、より名詞の範疇に近い要素として捉え、状態形容詞の方を「谓词性形容词（述語性形容詞）」と呼び、動詞に近い要素として捉えた。本稿もこの見方を支持する。ただし、より形式的な記述を試み、性質形容詞は裸名詞と同じく、質料的領域を表すが、状態形容詞は一項述語、即ち自動詞と同じタイプを表すと見なす。

<2> 性質形容詞は名詞と結合して語彙化することはあるが、状態形容詞は名詞を修飾するのみで、語彙化することはない。ここで言う「語彙化」とは、形容詞と名詞の結合体が、その双方の意味を足しあわせた意味以上の意味を表すことを指す。

(32) a. 凉　　水
　　　冷たい 水　　（冷たい水／生水）
　　b. 冰凉　的　水
　　　冷たい Mod. 水　　（冷たい水）

<3> 性質形容詞が直接名詞を修飾する時には、語彙により選択制限があるが、状態形容詞はもともと「的」を伴わないと修飾できないこともあり、このような制限はない。

(33) a. *凉　　脸
　　　冷たい 顔
　　b. 冰凉　　　　的　脸
　　　氷のように冷たい Mod. 顔　　（氷のように冷たい顔）

<4> 性質形容詞のみが固有名詞を修飾できる。[2]

(34) a. *瘦　张三
　　　　痩せた　張三
　　 b. 瘦瘦　　　的　张三
　　　　痩せた-痩せた　Mod.　張三

　朱德熙1956は、(32)～(34)の観察を基に、性質形容詞はそれが修飾する名詞に対し限定的な働きをし、状態形容詞は描写的な働きをするという、機能上の違いがあると述べた。[3] しかし、実際には、限定／描写の機能の対立は、形容詞そのものよりも、それらが修飾している名詞の指示対象の違いによる所が大きい。本稿では、裸名詞の意味解釈の違いから説明を試みる。

<5> 性質形容詞は、程度副詞で修飾することができるが、状態形容詞に程度副詞をつけることはできない。

(35) a. 有点儿　白
　　　　ちょっと白い
　　 b. 很　　白
　　　　とても白い
　　 c. 最　　白
　　　　一番　白い
(36) a. *有点儿　雪白
　　　　ちょっと　真っ白な
　　 b. *很　雪白
　　　　とても　真っ白な
　　 c. *最　雪白
　　　　一番　真っ白な

―――――――――

2)「胖（太った）」の場合、ニックネームのような用法として固有名詞を修飾しているように見えることはある。例：「胖张三（デブの張三）」

3) 他に、名詞を修飾する働きのみをし、述語は作らない形容詞があり、朱德熙1982では「区

99

<6> 性質形容詞は、「不」で否定することができるが、状態形容詞はできない。状態形容詞を否定するときには、「没」が使われる。

(37) a. 不　白。
　　　　ない　白い
　　 b. ＊不　雪白
　　　　ない　真っ白な

　以上の(32)〜(37)の違いから、石毓智1991は性質形容詞にほぼ相当するグループを「非定量形容詞」、状態形容詞にほぼ相当するグループを「定量形容詞」と呼んだ。この命名は、性質形容詞の表す属性は、どの程度なのか、つまり量として明らかでないのに対し、状態形容詞の表す属性は、どの程度を指しているかが量として明らかであることを指す。[4] 性質形容詞は、程度が決定されていないので、さらに程度副詞をとることができ、状態形容詞はすでに程度が決定されているので、さらに程度副詞をとることができないのである。否定については、「不」は状態の否定、「没」は実現の否定をするという使い分けがある。そこで、性質形容詞はその形容詞の表す属性をもつ、という状態を表しているのに対し、状態形容詞はその形容詞の表す属性がどの程度まで実現しているかを表しているため、状態形容詞には「不」を用いた否定はできないのである。
　その他の性質形容詞と状態形容詞の違いには次の二つがある。

別詞」と呼ばれている。例：金、銀、慢性、急性、男、女、雌、雄、彩色、袖珍、野生、など。（朱1982、P53）

4) 程度副詞の修飾と、「不」否定の可否は、一部の性質形容詞には当てはまらないということが指摘されている。例えば、中間色を表す色名、「紫（紫色の）」「橙（だいだい色の）」「青（青緑色の）」「褐（褐色の）」はこの二つの基準を満たさない。だが、この二つの基準は、テストされる要素の述語性に関わっており、ここに挙げた形容詞は、状態形容詞だからではなく、述語性を欠いているために不合格となると思われる。

<7>　性質形容詞は単独では陳述文の述語になれないが、状態形容詞は単独で、または「的」をその後ろに伴うことで陳述文の述語になりうる。

(38) a. ?他　高。
　　　　　彼　高い
　　 b. *他　高　的。[5)]
　　　　　彼　高い Mod.
(39) a. 他　很　高。
　　　　　彼　とても　高い
　　　　（彼は背が高い。）
　　 b. 他　高高　的。
　　　　　彼　高い-高い Mod.
　　　　（彼は背がとても高い。）

性質形容詞が単独で述語になった場合には、他のものとの比較対照の意味合いが強くあり、主語の特性を単に述べる普通の形容詞述語文とは少し異なる。上の例では、「?」でこれを示している。

<8>　性質形容詞は比較文に現れうるが、状態形容詞は現れない。

(40) 他　比　我　高。
　　　　彼　より　私　高い
　　　（彼は私より背が高い。）
(41) a. *他　比　我　很　高。
　　　　　彼　より　私　とても　高い
　　 b. *他　比　我　高高。
　　　　　彼　より　私　高い-高い

---

5)「看（見る）」のような知覚動詞の補文に現れたとき、及び、対比される対象がある場合には、性質形容詞も単独で述語になり得るようである。この二つの問題については後に検討する。
　你　病　了　吗？看　你　脸色　白　的。
　君　病気になる　完了　疑問　見る　君　顔色　白い Mod.（病気にでもなったの？顔色が悪いよ。）
　他　皮肤　白　的，头发　黑　的。
　彼　肌　白い Mod.　髪　黒い Mod.（彼は肌が白くて髪は黒い。）

(42) 这件衣服　比　那件　白。
　　　この服　より　あれ　白い
　　（この服はあれより白い。）
(43) a. *这件衣服　比　那件　雪白。
　　　　この服　より　あれ　真っ白い
　　 b. *这件衣服　比　那件　白白。
　　　　この服　より　あれ　白い-白い

　本稿では、以上の <7> と <8> の特性を手がかりに、中国語の２種類の形容詞のタイプの違いを定め、それが上述の <1> から <6> の特性をも説明することを見る。

5.3. 中国語の形容詞の意味論

　5.1.で述べたように、形容詞の分析には、個体から真理値への関数とする見方と、個体から程度への関数であるとする見方の二つがあった。では、中国語の２種類の形容詞、性質形容詞と状態形容詞は、それぞれどちらの枠組みで分析することができるだろうか。
　まず、前述したように、性質形容詞は比較文に現れうるが、状態形容詞は現れない。

(40) 他　比　我　高。
　　彼　より　私　高い
　　（彼は私より背が高い。）
(41) *他　比　我　很　高。
　　彼　より　私　とても　高い

性質形容詞の作る比較文は、5.1.で述べた分析に従い、比較されている対象の持つ程度が比較されていると考えることができる。従って、性質形容詞は、各個体に対し、程度を与える働きをする。一方、状態形容詞が比較文に現れないのは、この形容詞が比較しうる程度を与えていないからと思われる。

(44) a. もし α が性質形容詞ならば、α ∈ D$_{<e,d>}$
b. もし α が状態形容詞ならば、α ∈ D$_{<e,?>}$

それでは、状態形容詞のタイプはどのようなものだろうか。状態形容詞のタイプを明らかにする手がかりとして、単独で陳述文の述語になりやすいことが挙げられる。

(39) 他　很　高。
　　　彼 とても 高い
　　（彼は背が高い。）

状態形容詞は、主語の持つ属性を単純に表していると考えることができる。従って、文の述語として働く、即ち個体を一つ項にとって真理値をかえす <e,t> タイプと見なすことができる。

(45) a. もし α が性質形容詞ならば、α ∈ D$_{<e,d>}$
b. もし α が状態形容詞ならば、α ∈ D$_{<e,t>}$

このことは、前節の <7> で述べたように性質形容詞を陳述文に用いにくいことを説明する。[6] 性質形容詞は、個体に対して程度を与える働きしか行わず、真理値は与えない。従って、文としては不完全になるのである。

(38) ?他　高。
　　　彼 高い
　　（彼は高い。）

形容詞の働きは個体に対して程度を与えることだが、形容詞構文として真理判断が可能になるためには、なんらかの比較の基準となる程度が与えられ、これとの大小関係が明らかになる必要がある。つまり、英語においては、形容詞は陳述

---

[6] 英語の形容詞は程度項を取らずに述語になれるため、状態形容詞に属する。英語の形容詞述語文で、be動詞が必須なのは別の要因のようである。

文の述語となる場合も、比較構文の述語となる場合も、同じように分析できた。この分析が前提としているのは、陳述文の述語をなす場合に、比較の基準となる程度が何らかの形で得られることである。一方、中国語の性質形容詞の場合には、個体に対して程度をかえす働きのみを行い、比較の基準となる程度を得る働きが欠けているため、陳述文の述語を単独で形成しない。性質形容詞は、程度の副詞や第二主語によって比較の基準となる程度が与えられてようやく述語をなす。

(39) 他 很 高。
　　　彼 とても 高い
　　　（彼は背が高い。）

(46) 他 个子 高。
　　　彼 背 高い
　　　（彼は背が高い。）

また、次の (47) のように、前後の文脈が比較の基準を与える場合には、性質形容詞が単独で述語をなすことができる。これも上記の定義から説明することができる。

(47) 张三 高, 李四 不高。
　　　張三 高い 李四 ない高い
　　　（張三は背が高いが、李四は高くない。）

(44) のタイプの定義に基づくと、まず、性質形容詞はスケールを表す。これを上付き文字の ^{d} で表す。さらに、性質形容詞は、(47) のように述語を形成することもできなければいけない。そこで、その翻訳としてスケール以外に、程度項を得て個体の集合を与えるような関数が考えられる。一方、状態形容詞は (44) のタイプの定義に従って、個体に対して真理値をかえす関数であると見なすことができる。

(48) a. 性質形容詞：A^d　または　$\lambda d \lambda x [A(x) \geqq d]$
　　　　例：白　→白い^d　または　$\lambda d \lambda x [白い(x) \geqq d]$
　　b. 状態形容詞：$\lambda x [A(x) \geqq d]$
　　　　例：雪白→$\lambda x [白い(x) \geqq 白い(雪^k)]$

　このように、性質形容詞が述語として働くためには。比較の基準となる程度の指定を必要とするが、状態形容詞は、比較の基準となる程度をすでにそれ自身に含んでいる。上の例では「白い」が「雪」に対して与える程度である。ここで、「雪」は類名である。「白い」が与えるのは、類名としての「雪」の持つ程度であり、個別の雪の持つ程度ではない。例えば、春先に溶け残った雪は、たいていネズミ色をしているが、そのような個別の雪が持っている程度は問題にならないのである。

　なお、性質形容詞がスケールを表し、それの翻訳として程度から個体の集合への関数があるのは、ちょうど裸名詞の場合と平行的である。先に述べたように、スケールは程度のインターバルからなり、インターバル同士は、含有関係を有しているため、質料的性質を持っているということができた。従って、性質形容詞は裸名詞と同じく、質料的領域を指示対象とすると言うことができる。一方、状態形容詞は、個体の集合を表し、それを構成する要素の間に含意関係はない。従って、状態形容詞が表すのは可算単数的領域である。

　この平行性をさらに拡張すると、ちょうど裸名詞の基本的構造に対し、量詞を用いた明示的な原子化と、非明示的な原子化の2種類があったように、性質形容詞にも、2種類の原子化の方法があるということができる。性質形容詞は、上記のように程度から個体の集合への関数としての翻訳を持つが、これは非明示的な原子化である。一方、明示的な原子化には、以下の四種類の方法がある。

(49) 形容詞の程度を決めることのできる要素を付加する
　　　　白（白い）　→雪白（雪のように白い、真っ白な）
　　　　紅（赤い）　→　通紅（真っ赤な）
　　　　黒（黒い）　→烏黒（烏のように黒い、真っ黒な）

(50) 程度副詞を付加する
　　　　白（白い）　→ 很白（とても白い、普通に白い）
　　　　好（好い）　→　挺好（大変好い）
　　　　坏（悪い）　→　非常坏（非常に悪い）

(51) 重ね型にする
　　　　白（白い）　　→　白白（とても白い）
　　　　红（赤い）　　→　红红（とても赤い）
　　　　干净（清潔な）→　干干净净（とても清潔な）

(52) 接尾成分を付加する
　　　　白（白い）　→　白不雕列（真っ白な）
　　　　红（赤い）　→　红通通（真っ赤っかな）
　　　　黑（黒い）　→　黑漆漆（真っ黒けな）

次に、このような性質形容詞と状態形容詞のタイプの違いは他にどのような点に現れているかを見る。

5.4. 検証

ここでは、タイプの違いが、二種類の形容詞の振る舞いの違いを説明できることを示す。

5.4.1. 名詞との結びつき

「的」を伴わない場合、性質形容詞と状態形容詞では、どのような名詞句を修飾できるかについて、異なる振る舞いを見せる。まず、5.2.で述べたように、性質形容詞は裸名詞を直接修飾できるが、状態形容詞はできない。

(30) a. 白　纸
　　　　白い　紙
　　b. *雪白　纸
　　　　真っ白　紙

これに対し、数量表現を伴う名詞を修飾する場合には、性質形容詞は修飾できないが、状態形容詞はできる。[7]

(53) a. *白　一　双　鞋
　　　　白い　一　足　靴
　　b. 雪白　一　双　鞋
　　　　真っ白　一　足　靴
(54) a. *好　一　件　衣服
　　　　いい　一　着　服
　　b. 好好儿　一　件　衣服
　　　　いい　一　着　服
(55) a. *好　一　个　妻子
　　　　よい　一　個　妻
　　b. 很　好　一　个　妻子
　　　　とても　よい　一　個　妻

この現象は、陆俭明1982で最初に指摘されたが、これに対する説明を試みたものに沈家煊1995がある。以下、その分析を紹介する。

沈家煊1995は、人間の認知のスキーマに基づいた限界／非限界の区別が、中国語の構造に影響を与えており、限界に属するものと非限界に属するものは、直接結びつくことができないと主張した。まず、限界・非限界という概念は次のように定義される。

───────────

7) 以下の状態形容詞が数量表現を伴う名詞句を直接修飾する場合については、話者により容認しない場合がある。容認度の判断については、陆俭明2000、陆1988、沈家煊1995、朱德熙1956によった。

(56) 非限界 1) 内部構造が均質　2) 伸縮性がある　3) 重複性がない
　　　　　例：水
　　限界　1) 内部構造が不均質 2) 伸縮性がない　3) 重複性がある
　　　　　例：机

1) の内部構造の違いとは、対象となる A からその一部を取り出したとき、やはり A と称することができるかどうかの違いである。例えば、水はその内部からどの部分を取り出しても水から構成されているが、机は脚や板などの異なる部分からなる。 2) の伸縮性の違いとは、その物体から一部を取り除いても成り立つかどうかを指す。例えば、水は一部を取り去っても水であり続けるが、机は上の板を取り去ってしまうと机とは呼ばれなくなる。 3) の重複性の違いとは同じ類に属するものを二つ足しあわせたとき、結果として得られた物質を一つと見なすか二つと見なすかの違いである。例えば、水を二倍にしても水であるが、机を二倍にすれば二つの机となる。
　沈はこの区別が動詞、名詞、形容詞の範疇に跨って存在していると主張した。具体的にいうと、各要素は以下のように分類される。

(57) 非限界的：裸名詞、性質形容詞
　　　限界的：定名詞句、固有名詞、数量表現を伴う名詞、状態形容詞

さらに、要素が結合される際には、両者の限界性が一致しなければならないと言う制約を提唱した。この制約と上の分類から、次の容認度の違いを説明することが可能になる。

(58) a. 白 衣服　　　　　（非限界＋非限界）
　　　　白い　服
　　 b. *白 一 件 衣服　（非限界＋限界）
　　　　白い一 着 服
(59) a. *雪白 衣服　　　（限界＋非限界）
　　　　真っ白 服
　　 b. 雪白 一 件 衣服　（非限界＋非限界）
　　　　真っ白な一 着 服

ただし、非限界・限界の概念が相対的なものとして扱われ、はっきりした定義ができない点は、沈の分析の理論上の問題点である。例えば、名詞は形容詞に比べれば限定的であると考えられているが、このような限定性の差が、(58)のように両者が直接結合する際の妨げにならないのは奇妙である。

また、経験的な問題もある。次のように、状態形容詞が指示詞を伴う名詞句を修飾することはできない。指示詞は、数量表現を伴っており、限界的であるはずであり、この結合が許されないのはなぜかを説明することができない。

(60) *雪白　　那　一　件　衣服　　(限界＋限界)
　　　真っ白な　それ　一　着　服

本稿は、上述のタイプの違いという観点から、名詞と結びつく際の性質形容詞と状態形容詞の違いを説明する。

まず、形容詞が名詞を修飾する時には、述語修飾 (Predicate Modification) と言う方法に従う。

(61) 述語修飾: α、βがともに同じタイプの領域を表すとき、両者を連言で結びつけることができる。
　　　αの翻訳が $\lambda t_0...\lambda t_n [\alpha(t_0)...(t_n)]$、βの翻訳が $\lambda t_0...\lambda t_n [\beta(t_0)...(t_n)]$ のとき、$\alpha\beta \rightarrow \lambda t_0...\lambda t_n [\alpha(t_0)...(t_n) \wedge \beta(t_0)...(t_n)]$

性質形容詞と裸名詞が結びつく場合、共に質料的領域を表すもの同士として結び付けることができる。この場合、両方とも個体の集合の集合を表しているので、結びついた結果、両者の交わりを指すことなる。その交わりの集合も、質料的領域の一部であり、従ってやはり類名を表すことなる。5.2.の <2> では、性質形容詞が裸名詞を修飾すると語彙化することを述べた。これは、性質形容詞と裸名詞が述語修飾で結びついて得られるのがまず類名だからである。つまり、新たな類名が作られて後、状況依存的可算化が行われて個体指示の解釈が得られる。よって、まず類名として存在しにくいものは、述語修飾の操作を受けにくい。これが性質形容詞と裸名詞の結びつきに制限を与えるのである。

(30) 白紙
　　　白→白い^d
　　　紙→紙^k
　　　白紙→白い^d ∧ 紙^k

　状態形容詞と数量詞を伴う名詞句が結びつく場合、共に個体の集合をあらわすもの同士として結び付けられる。[8] 同じく、述語修飾の結果表すのは両者の交わりである。従って、結びついた後も個体の集合を表す。

(53) 雪白一双鞋
　　　雪白　→λx[白い(x) ≧ 白い(雪^k)]
　　　一双鞋→λx[x ≦ Count$_s$(靴^k))]
　　　雪白一双鞋→λx[x ≦ Count$_s$(靴^k) ∧ 白い(x) ≧ 白い(雪)]

　それでは、許されない結合を次に見ていこう。まず、以下のような結合が非文法的であるのは、それぞれの表す領域が異なるためであると説明することができる。

(62) *白一双鞋
　　　白→白い^d
　　　一双鞋→λx[x ≦ Count$_s$(靴^k))]
(63) *雪白鞋
　　　雪白　→λx[白い(x) ≧ 白い(雪^k)]
　　　鞋→λsιx[x ≦ Count$_s$(靴^k)]

　この分析は、沈家煊 1996 では説明できなかった、状態形容詞が指示詞を伴う名詞句を修飾する場合の非文法性を説明することができる。指示詞を伴う名詞句は特定の個体を指しており、個体の集合を指しているのではない。そこで、タイプが異なり、両者を結びつけることができないのである。

―――――――――

[8] 前章では、数量詞を伴う名詞句は、数量詞繰り上げの適用をうけて文頭に移動するという分析をしたが、ここでは、文ではなく名詞句のレベルであるので、数量詞繰り上げおよび存在量化詞による束縛が適用される前の段階にあると見なして論じている。

(60) *雪白那一件衣服
　　　雪白　→λx [白い(x) ≧ 白い(雪ᵏ)]
　　　那一双鞋→ιx [x ≦ Countₛ(靴ᵏ))]

なお、「最」で修飾された形容詞は、「最」の意味により、定表現になってしまい、数量詞を伴う名詞とタイプが等しくならないためであると説明することができる。

(64) *最好一个孩子
　　　最好　→ιx ∀y [良い(x) ≧ 良い(y)]
　　　一个孩子　→λx [x ≦ Countₛ(子供ᵏ))]

以上、(53)～(55)b のように、状態形容詞が数量詞を伴う名詞句を直接修飾できるという現象に基づいて論を進めてきた。しかし、形容詞の中には、重ね型ではなく、接尾辞を用いた状態形容詞化が行われていなければ数量詞を伴う名詞句と直接結びつけないものもある。

(65) a. *胖胖　　一　双　手
　　　　太った-太った　1　組　手
　　 b. 胖乎乎　一　双　手
　　　　太った-強調　1　組　手
　　　　(まるまるした一対の手)
(66) a. *緑緑　一　片　草地
　　　　緑色-緑色　1　片　草地
　　 b. 緑油油　一　片　草地
　　　　緑色-油油　1　片　草地
　　　　(青々した一片の草地)
(67) a. *涼涼　　一　杯　水
　　　　冷たい-冷たい　1　杯　水
　　 b. 涼冰冰　一　杯　水
　　　　冷たい-冰冰　1　杯　水
　　　　(冷たい冷たい一杯の水)

一方で、「好（良い）」や「小（小さい）」などの形容詞は、「好好一个孩子」（よい一人の子）、「小小一间屋子」（ちっちゃな一つの部屋）のように、重ね型が数量詞を伴う名詞句を修飾することができる。

他にも、次の形容詞も、形式上は状態形容詞に見えるが、数量詞を伴う名詞句を直接修飾できない。

(68) a. *杏黄　　一张 叶子
　　　　だいだい色　一枚　葉
　　 b. *枯黄　　一张 叶子
　　　　枯れた黄色　一枚　葉

以上のように状態形容詞が数量詞を伴う名詞句を直接修飾する場合、形容詞により、修飾できるかどうかが異なる。また、話者により、どこまで容認するかが異なっているのも事実である。この容認度の揺れは、これらの結合が語彙的に決定されているためである。5.2.の <3> で述べたように、性質形容詞と裸普通名詞との結合は、語彙的な制限を受ける。ちょうどこれと同じように、状態形容詞が数量詞を伴う名詞句を修飾する場合も、語彙的な制限を受けるのである。従って、この両者が共に用いている述語修飾という操作は、きちんと定まった文法的操作ではなく、本来は語彙的な操作であったものを拡張したのだと思われる。

なお、述語修飾という操作は、名詞同士の結合にも用いられ、同様に語彙的な制限を受ける。

(69) 铁路(鉄道)　　纸老虎(張り子の虎)　　肥皂箱(石鹸箱)

最後に、5.2.の <4> で述べた、性質形容詞は固有名詞の修飾できないという現象を見てみよう。性質形容詞は、程度のスケールを、固有名詞は特定の個体を指している。従って、両者は異なるタイプを表しており、述語修飾という操作を用いることはできないのである。[9]

---

9) 第三章では、指示詞が裸名詞と直接結びつく例を見た。この場合は、指示詞自身が特定の個体を指示する機能を持っているために、裸名詞と並列して用いることができたのである。性質形容詞に指示詞のような機能はないため、並列しても二つの要素間に関係が生じない。

(70) *瘦　張三
　　　痩せた　張三

5.4.2. 副詞の修飾

5.2.の <5> で述べたように、性質形容詞は程度副詞を伴うことができるが、状態形容詞はできない。

(71) a. 有点儿　白
　　　　ちょっと　白い
　　 b. 很　　　白
　　　　とても　白い
(72) a. ＊有点儿　雪白
　　　　ちょっと　真っ白な
　　 b. ＊很　　　雪白
　　　　とても　真っ白な

これは、(48) の定義から明らかである。性質形容詞は、スケールを表す以外に程度を項にとるが、状態形容詞はとることができない。状態形容詞は、すでに比較の対象となる程度の値をうちに含んでいるからである。[10]

5.5.「的」の働き

前節では、形容詞が名詞と直接結びつく場合を論じた。だが、形容詞が名詞を修飾するとき、「的」という名詞修飾のマーカーを伴って修飾することもできる。特に状態形容詞は「的」を伴うのがむしろ普通である。この節では、形容詞が「的」伴った場合を取り上げ、その振る舞いを説明する。

---

[10] 5.2の <6> に、性質形容詞は、「不」で否定できるが、状態形容詞はできないという違いがあることを述べた。だが、状態形容詞が否定できないという訳ではなく、一部の状態形容詞は「没有」を使って否定することができる。この違いについては、否定の意味論を定義した上で別稿でとりあげる予定である。

5.5.1. 先行研究

形容詞が名詞を修飾するとき、直接修飾する以外に、「的」という名詞修飾のマーカーを伴って修飾することもできる。また、この「的」を伴って、陳述文の述語を構成することもある。ただし、5.2.で述べたように、性質形容詞と状態形容詞では、「的」を伴うかどうかについて異なる振る舞いを見せる。

(73) a. ?白　的　纸
　　　　白い Mod. 紙
　　b. 雪白　的　纸
　　　　真っ白な Mod. 紙
　　　　(真っ白な紙)
(74) a. *他　高　的。
　　　　彼　高い Mod.
　　b. 他　高高　的。
　　　　彼　高い-高い Mod.
　　　　(彼は背がとても高い。)

また、朱德熙 1956 は、数量表現を伴う名詞句を修飾する場合に、性質形容詞と状態形容詞には次の違いがあることを指摘している。

(75) a. 一　朵　红　花
　　　　一　輪　赤い 花
　　b. *红　的　一朵花
　　　　赤い Mod. 一 輪 花
(76) a. 一　朵　鲜红　的　花
　　　　一　輪 真っ赤な Mod. 花
　　b. 鲜红　的　一朵花
　　　　真っ赤な Mod. 一 輪 花

朱は、この違いを、限定的な意味を持つ性質形容詞「紅（赤い）」は類名しか修飾できないが、描写的な働きをする状態形容詞「鮮紅（真っ赤な）」は、類名も、個別的で具体的な事物をも修飾できるからであると説明している。

一方、沈家煊1995では、形容詞に付加された「的」は、非限界の要素を限界に変える働きを持つとみなしている。この「的」の働きが、次の結合が可能にすると説明されている。

(77) a. 雪白　　的　衣服　　（限界＋的＋非限界）
　　　　真っ白な Mod. 服
　　　b. 白　　的　一　件　　（非限界＋的＋限界）
　　　　白い Mod. 一　着

だが、この説明を認めると、(77)a では「的」は「衣服」と結合し、(77)b では「白」と結びついていると主張することになる。通常、「的衣服」という言い方はできないので、構造的な面からこの主張は受け入れがたい。

また、経験的な問題もある。次の例は、非限界の性質形容詞に「的」が付加されて限界になり、同じく限界の数量詞名詞句と結びつくことができるはずである。しかし、実際にはこの例は容認されない。

(78) ＊白　　的　一　件　衣服　「非限界＋的＋限界」
　　　　白い Mod. 一　着　服

5.5.2. 「的」を用いた修飾

ここでは性質形容詞／状態形容詞それぞれの定義を踏まえ、「的」の働きを明らかにする。

まず、「的」の働きは、それが付加された要素にもう一つ述語変項を加えることにあると仮定する。ただし、加えられる述語変項は、それが付加される形容詞と同じタイプでなければならない。

(79) αの翻訳が $\lambda t_0 ... \lambda t_n [\ \alpha(t_0)...(t_n)\ ]$ のとき、
　　　　α的 → $\lambda P \lambda t_0 ... \lambda t_n [\ \alpha(t_0)...(t_n) \wedge P(t_0)...(t_n)\ ]$

ここで個体変項を一つ取る述語変項をPで、質料的領域を表す変項をKで表すと、性質形容詞と状態形容詞が「的」を伴った場合はそれぞれ次のようになる。

(80) 白的 → λK [白い^d ∧ K]
(81) 雪白的 → λPλx[雪白(x) ∧ P(x)]

これによって、まず、数量詞を伴う名詞との結合の可否が説明される。

(82) *白的一双鞋 → λK [白い^d ∧ K](λy [y ≦ Count$_s$(靴^k)])
(83) 雪白的一双鞋 → λPλx[雪白(x) ∧ P(x)](λy [y ≦ Count$_s$(靴^k)])
→ λx[雪白(x) ∧ x ≦ Count$_s$(靴^k)]

(82)はタイプが合わないため、λ変換が不可能なので結合できない。これに対し、(83)はλ変換により結合が可能になる。

性質形容詞に付加される「的」については、朱徳熙1962では名詞化の接辞であると提案されているが、本稿では、「的」は名詞修飾の接辞であり、「形容詞＋的」は、主要部名詞が省略された名詞句であると考える。このように考える理由の一つは、形容詞が「的」を付加されたときに、厳密な意味で形容詞の意味を名詞化してはいないことが挙げられる。次の(84)と(85)の対照にあるように、「白的」は白さそのものではなく、文脈に存在するもののうち白いという属性を持った何かを指している。

(84) 白色 表示 纯洁。
　　 白　 表す 純潔
　　（白は純潔を表す。）
(85) 白　 的 表示 纯洁。
　　 白い Mod. 表す 純潔
　　（白いものは純潔を表す。）

今、省略された名詞を e とおくと、次のように「形容詞＋的」が単独で用いられるときには、一般に「性質形容詞＋的」だけが許され、「状態形容詞＋的」は許されないことを説明することができる。

(86) 白的 e → λK [白い^d ∧ K](e)
(87) *雪白的 e → λPλx[雪白(x) & P(x)](e)

(86)はeが類をあらわしているときに限り、λ変換により「白いもの」と言う意味を表しうる。一方、空範疇が個体の集合を表しているとは考えられないため、(87)はλ変換ができず、両者を結びつけることができない。

最後に、形容詞と数量詞が結びつく現象だが、従来は表面上見える順序でそのまま結合していると見なされてきた。しかし、数量詞だけ単独で現れている場合は、たいてい、その後に名詞の省略があると考えて解釈しなければならない。従って、ここでは、「形容詞＋的＋数量詞」という語順に見える者は、本来「数量詞＋形容詞＋的」であり、ここから強調のために「形容詞＋的」が前置されたとみなす。よって、上に述べたように、性質形容詞のみが許されるのは、「白的 e」が容認され、「雪白的 e」が容認されないからである。

(88) [白的 e]$_i$ 一双 t$_i$
(89) *[雪白的 e]$_i$ 一双 t$_i$

5.6. まとめ

以上、本稿の主な論点をまとめると、次のようになる。
1. 中国語の性質形容詞は質料的領域を表す。
2. 中国語の状態形容詞は、個体の集合を表す。
3. 程度副詞、形容詞の重ね型、接尾辞などは、性質形容詞を個体の集合に変える働きをする。
4. 形容詞が直接名詞句を修飾する場合は、述語修飾の操作によって結びつけられる。
5. 「的」はそれが付加される形容詞に述語変項を加える働きをする。これは、一般に関係節を作るときの操作に等しい。従って、「〜的」という構造一般を関係節として扱える可能性を示している。

第六章　動詞

6. 中国語動詞の指示対象

　この節では、中国語における動詞について考察する。既に述べたように、沈家煊 1995 は中国語の裸名詞と数量詞を伴う名詞が、それぞれ非限界、及び限界の区別に対応すると述べ、この限界性の区別が動詞にも適用されると主張している。沈家煊 1995 が直感的に述べたこの違いは、裸動詞（補語、アスペクト助詞を伴わない動詞）と補語を伴う動詞の区別であり、主にアスペクトの違いである。ここでは、中国語の動詞の特性をアスペクトの面から分析し、中国語の裸動詞はインターバルを表すと見なす必要があることを示す。前章で述べたように、インターバルは質料的構造を持つため、裸動詞はこの点において質料的特性を持つということができる。一方、補語を伴う動詞は裸動詞とは異なる振る舞いをするが、これは可算的特性とみなすことができる。つまり、中国語の裸動詞は、裸名詞や性質形容詞と同じ性質を持ち、補語を伴う動詞は数量詞を伴う名詞や状態形容詞と同じ性質を持つという平行性が観察される。

　以下、6.1. では中国語の動詞の特性の持つ強い動作指向性と非結果性について述べ、この特質が進行形というアスペクトの持つ特性と重なることを示し、意味論的にどのように定義できるかを見る。6.2. では、6.1. での定義に基づくと、中国語の動詞の特性がどのように説明されるかについて具体例を見る。

---

*　この章の内容は、伊藤 1997 をもとに大幅に加筆したものである。

6.1. 中国語動詞と進行形パラドックス

　この節では、中国語の動詞に見られる結果の含意の欠如は、ちょうど英語の進行形動詞に見られるパラドックスと対応することを示し、ともに可能世界の概念を用いて説明されることを見る。

6.1.1. 中国語動詞の特性〜副詞の修飾

　幾つかの副詞、「清晰地（はっきりと）」「紧紧（しっかりと）」「远远地（遠くに）」「清楚地（はっきりと）」「死死（しっかりと）」「深深地（深々と）」「稳稳地（しっかりと）」などの副詞は、いずれも動作そのものより、動作の結果のあり方がどのような状態であるかを描写している。これらの副詞は、その修飾する述語の形式に制限がある。即ち、動詞の後に補語や持続を表すアスペクト助詞「着」などを要求する。

　　(1) a. 我在几万里之外，如此　清晰地　　听到　　自己儿子的声音！
　　　　　　　　　　　このように　はっきりと　聞き-達する　わが子の声
　　　　（私は幾万里の外にいて、このようにはっきりと我が子の声を聞きとどけた。）
　　　　b. ?我在几万里之外，如此　清晰地　　听　　自己儿子的声音！
　　　　　　　　　　　このように　はっきりと　聞く　　わが子の声
　　　　（私は幾万里の外にいて、このようにはっきりと我が子の声を聞く。）

(1)aでは、「清晰地（はっきりと）」という副詞が、動詞＋結果補語「听到（聞きとどける）」を修飾している。一方、bでは、裸動詞「听（聞く）」を修飾しているが、aに比べると不自然である。[1]

　以下、具体例を挙げる。

---

[1] 容認する話者もいるが、その場合、継続を表すアスペクト助詞「着」を伴った場合と同じ解釈としてである。

第六章 動詞

<1> 動詞の後にその動作の結果や方向を表す要素が現れる場合

(2) a. 我在人群中伸出手 緊緊 挽住 他。
　　　　　　　　　　しっかりと　引く-固定する　彼

　（私は群衆の中で手を伸ばし、彼をしっかりと引っ張った。）

　　b. ?我在人群中伸出手 緊緊 挽 他。
　　　　　　　　　　　しっかりと　　引く　　彼

　（私は群衆の中で手を伸ばし、彼をしっかりと引く）

(3) a. 就在进入树林的山谷入口, 远远地 看到 一辆自用轿车。
　　　　　　　　　　　　　　　遠くに　見る-達する　一台の自家用車

　（ちょうど林に入る谷間の入り口に、遠くに一台の自家用車が見える。）

　　b. ?就在进入树林的山谷入口, 远远地 看 一辆自用轿车。
　　　　　　　　　　　　　　　遠くに　見る　一台の自家用車

　（ちょうど林に入る谷間の入り口に、遠くに一台の自家用車を見る。）

(4) a. 我 清楚地 看见 黑板上有两个字。
　　　私　はっきりと　見る-感じとる　黒板の上に二つの文字がある

　（私には黒板の上に字が書いてあるのがはっきり見える。）

　　b. *我 清楚地 看 黑板上有两个字。
　　　　私　はっきりと　見る　黒板の上に二つの文字がある

　（私は黒板の上に字が書いてあるのをはっきり見る。）

(5) a. 女青年一甩胳膊, 教授 仍 死死 抓住 她。
　　　　　　　　　　　　教授　まだ　必死で　掴む-固定する　彼女

　（若い女は、さっと腕を払ったが、教授はやはり必死で彼女を捕まえていた。）

　　b. *女青年一甩胳膊, 教授 仍 死死 抓 她。
　　　　　　　　　　　　　教授　まだ　必死で　掴む　彼女

　（若い女は、さっと腕を払ったが、教授はやはり必死で彼女を捕まえる。）

(6) a. 但是 惟独 我 能够 深深地 看到 你的内在美。
　　　しかし　だけ　私　できる　深く　見る-達する　君の内なる美

　（しかし、私だけが奥深く君の内的な美しさを見て取ることができる。）

　　b. ?但是 惟独 我 能够 深深地 看 你的内在美。
　　　　しかし　だけ　私　できる　深く　見る　君の内なる美

　（しかし、私だけが奥深く君の内的な美しさを見ることができる。）

121

(7) a. 更再往上游，稳稳 掌住 了 石化工业的最上游原料。
　　　　　　　　しっかりと 持つ-固定する 完了 石油化学工業の最も質の良い原料
　　（さらに上流に行くと、ちゃんと石油化学工業の最も質のよい原料を掌管している。）
　　b.*更再往上游，稳稳 掌 了 石化工业的最上游原料。
　　　　　　　　しっかりと 持つ 完了 石油化学工業の最も質の良い原料
　　（さらに上流に行くと、ちゃんと石油化学工業の最も質のよい原料を掌管する。）

以上あげた副詞は、他の種類の補語が現れた場合も、修飾できる。以下は、場所を表す項を導入する補語の場合である。

(8) a. 只见 她 远远地 站 在 路旁，那么发呆地望着我们。
　　　　　　彼女 遠くに 立つ に 路傍
　　（彼女が遠くに、路傍に立ってぼんやりと私たちを見ているのが見えた。）
　　b.*只见 她 远远地 站，那么发呆地望着我们。
　　　　　　彼女 遠くに 立つ
　　（彼女が遠くに立ってぼんやりと私たちを見ているのが見えた。）

(9) a. 他对惊慌失措的小明说：你 最好 紧紧 挨 在 我身边。
　　　　　　　　　　　　　　　君 一番いい しっかりくっつく に 私の身辺
　　（彼は驚き慌てた明君に、しっかり私のそばについているのが一番いいよと言った。）
　　b.*他对惊慌失措的小明说：你 最好 紧紧 挨。
　　　　　　　　　　　　　　　君 一番いい しっかりくっつく
　　（彼は驚き慌てた明君に、しっかりくっついているのが一番いいだろうと言った。）

(10) a. 她虽不敢多想，这念头 却 深深 藏 在 心底。
　　　　　　　　　　　この考え しかし 深く しまう に 心の底
　　（彼女はそれ以上考える勇気はなかったが、この考えは心の底に深く潜んでいた。）
　　b.*她虽不敢多想，这念头 却 深深 藏。
　　　　　　　　　　　この考え しかし 深く しまう
　　（彼女はそれ以上考える勇気はなかったが、この考えは深く潜んでいた。）

(11) a. 结果第二次伞体便毫无失误，稳稳地 停 在 头顶正上方。
　　　　　　　　　　　　　　　　　　しっかりと 留まる に 頭上の真上
　　（その結果、二回目のパラシュートは間違いなくしっかりと頭の真上に留まった。）

b. *结果第二次伞体便毫无失误、<u>稳稳地 停</u>。
　　　　　　　　　　　　　　　しっかりと 留まる

(その結果、二回目のパラシュートは間違いなく<u>しっかりと留まった</u>。)

(12) a. 至少乌来、太鲁阁、庐山、兰屿就 <u>清楚地 摆 在人民的眼睛前</u>。
　　　少なくとも烏来、太魯閣、廬山、蘭島 だけはっきり 並ぶ に 人民の目の前

(少なくとも、烏来、太魯閣、廬山、蘭島は<u>くっきりと人民の目の前に広がっていた</u>。)

b. *至少乌来、太鲁阁、庐山、兰屿就 <u>清楚地 摆</u>。
　　少なくとも烏来、太魯閣、廬山、蘭島 だけはっきり 並ぶ

(少なくとも、烏来、太魯閣、廬山、蘭島は<u>くっきりと広がっていた</u>。)

＜２＞　動詞の後に持続を表すアスペクト助詞「着」が現れる場合

(13) a. 孩子　<u>紧紧地　拉着　我的手 不放</u>。
　　　子供　しっかりと 引く-持続 私の手 放さない

(子供は<u>しっかりと私の手を引っぱって放さない</u>。)

b. ?孩子　<u>紧紧地　拉 我的手 不放</u>。
　　子供　しっかりと 引く 私の手 放さない

(子供は<u>しっかりと私の手を引いて放さない</u>。)

(14) a. 她将烟袋拿在手中咕噜地吸起, 头 <u>深深地　低着</u>。
　　　　　　　　　　　　　　　　頭　深く　垂れる-持続

(彼女はキセルを手に持ってぐうぐうと吸い始め、頭を<u>深く垂れていた</u>。)

b. *她将烟袋拿在手中咕噜地吸起, 头 <u>深深地　低</u>。
　　　　　　　　　　　　　　　　頭　深く　垂れる

(彼女はキセルを手に持ってぐうぐうと吸い始め、頭を<u>深く垂れた</u>。)

(15) a. 那人　<u>稳稳地　蹲着　不 起</u>。
　　　その人　落ち着いて しゃがむ-持続 ない 起きる

(その人は<u>落ち着いてしゃがんだまま、立ち上がらなかった</u>。)

b. *那人 <u>稳稳地　蹲　不 起</u>。[2]
　　その人 落ち着いて しゃがむ ない 起きる

(その人は<u>落ち着いてしゃがみ、立ち上がらなかった</u>。)

2)この例文は、「不起」が「蹲」の可能補語として機能しているなら容認される。この場合の意味は、上の訳とは異なり、「落ち着いてしゃがんでいることができなかった」という意味になる。

(16) a. 再看那儿, 莫天良大惊失色: 上面 清楚地 写 着 个 杀字。
　　　　　　　　　　　　　　　　　上に はっきり 書く 持続 個 殺の字

(そこをもう一度見ると莫天良は驚いて青ざめた：上にはっきりと殺の字が書いてあった。)

b. *再看那儿, 莫天良大惊失色: 上面 清楚地 写 个 杀字。
　　　　　　　　　　　　　　　　　上に はっきり 書く 個 殺の字

(そこをもう一度見ると莫天良は驚いて青ざめた：上にはっきりと殺の字を書く。)

以上の例から分かることは、中国語の裸動詞は、結果の状態を表す副詞の修飾は受けることはできないと言うことである。よって、中国語の裸動詞は動作・行為のみを表し、結果の状態は表さないということが予想される。実際、中国語の動詞が動作・行為のみを表すと言うことはこれまでにもよく指摘されてきた。しかし、次に挙げるように、動作・行為を表すと言うだけでは、中国語の裸動詞の意味を正しく捕らえられることができない。

6.1.2. 中国語動詞の特性〜非結果性

中国語の裸動詞は、動作の結果を含意しないということはよく指摘されてきた。[3] 例えば、Tai 1984 では、Vendler 1967 の動詞の四分類を中国語の動詞に適用できるかどうかを検証した中で、中国語には、単独で到達動詞（achievement verbs）や完成動詞（accomplishment verbs）として振る舞う動詞が少ないことを指摘した。Vendler 1967 の動詞の四分類では、動作動詞、完成動詞、状態動詞、到達動詞の四つに動詞を分類する。

(17) a. 動作動詞：進行形を持ち、最終点のない動作を表す
　　　(active verbs)　run、walk、write
　b. 完成動詞：進行形を持ち、最終点のある動作を表す
　　　(accomplishment verbs)　run a mile、write a letter、kill
　c. 状態動詞：進行形を持たず、最終点のない動作を表す
　　　(stative verbs)　know、love、have
　d. 到達動詞：進行形を持たず、最終点のある動作を表す
　　　(achievement verbs)　reach、find、die

---

3) Tai 1984、荒川 1982、宮島 1994 参照。

これらの分類の基準は、進行形をとるかどうか、及び、"in three hours"と共起するか、"for an hour"と共起するかどうかの二つである。まず、進行形をとる動詞には、動作動詞と完成動詞があり、とれない動詞には状態動詞と到達動詞がある。

(18) John is running.
(19) John is writing a letter.
(20) *John is loving Mary.
(21) *John is reaching the top of the mountain.

さらに、完成動詞と到達動詞のみが "in three hours" のような動作の完了までにかかる時間を表す表現と共起できる。

(22) *John ran in three hours.
(23) John writes a letter in three hours.
(24) *John loves Mary in three hours.
(25) John reaches the top of the mountain in three hours.

この分類を中国語に当てはめようとしても、必ずしも英語と同じ分類は得られない。中国語には到達動詞や完成動詞にあたるものがないようである。例えば、英語では完成動詞に分類される「殺す」は、中国語においては動作動詞として振る舞う。即ち、この動詞は、中国語では進行形に現れることができ、また、結果の含意をキャンセルすることができる。

(26) 我　在　杀　张三。
　　　私　進行　殺す　張三
　　　（私は張三を殺そうとしている。）
(27) 张三 杀　了 李四　两次, 李四　都　　没　死。
　　　張三 殺す 完了 李四　二度　李四 いつも なかった 死ぬ
　　　（張三は李四を二度殺したが、李四は二度とも死ななかった。）

(26)は「杀（殺す）」という動詞が進行形に現れうることを示しており、このことからこの動詞が到達動詞でも状態動詞でもないことが分かる。(27)では、「杀（殺す）」がその動作の最終点（この場合、相手が死ぬこと）を必ずしも含意しないことを示しており、ここからこの動詞は完成動詞でもないことが分かる。従って、中国語においては「杀（殺す）」という動詞は動作動詞に分類されることになる。

しかし、最終的結果を含意しない「殺す」とは、具体的にはどのような動作を指すのであろうか。直感的には、相手に「死ぬ」という結果が生じることこそが、「殺す」という動作を他の動作と区別しているものである。よって、もし「杀（殺す）」という動詞が結果を含意していないのならば、例えば、「殴り殺す」と「殴る」という動作は共に同じ意味を表すことになり、「AがBを殴り殺した」と「AがBを殴った」という二つの文の真理条件の違いを表すことができなくなる。

中国語の動詞が、具体的にはどのような動作を指しているのか、という問いに対し、具体例をあげて一つの提案をしたものに宮島1994がある。宮島は次のような例を挙げ、中国語の「买（買う）」という動詞が指している内容は、日本語の「買う」とは違うことを示した。

(28) 古代，有个国王想用千金买一匹千里马。
　　　　　　可是，买　了　三年　没有　　买到。
　　　　　　しかし 買う 完了 三年 なかった 買う-実現する
　　（昔々、ある王様が千金を以て千里を走る馬を買おうとしました。ところが、三年買おうとしましたが買えませんでした。）

宮島は日本語と中国語を比較するに当たって、まず、「买（買う）」という動詞の表す動作に対し、次のような八つの段階を仮定した。この八つの段階のうち、日本語で「買う」という動作をしたと言える必要条件は4〜7段階であるのに対し、中国語では1段階だけであると主張している。ただし、中国語の場合は必要条件の他に基本条件というものがあり、6〜7段階も「买（買う）」という動作をしたといえるための基本条件であると述べている。

①千里の馬のいる場所をさがす┐──「买」の必要条件

②持ち主がわかる
③持ち主の所へいく
④値段その他の条件を交渉する ⎤
⑤条件について合意が成立する ⎦ 「買う」の必要条件
⑥金をはらう ⎤
⑦馬の所有権がかわる ⎥ 「买」の基本条件
⑧馬をつれてかえる ⎦

しかし、この分析では、「买（買う）」という動詞の表す意味が依然として曖昧である。必要条件を「买（買う）」の本来的意味ととれば、「探す」という意味の動詞と全くその外延が同じであるということなる。このことは一般的直感にあわない。一方、基本条件をその本来的意味とすれば、「探す」等の動詞との区別はできるようになるが、再び、(28)の例が説明できない。

一つの説明の方法として、動作主の意図性を考慮することができそうである。即ち、ある動作を「买（買う）」と言い表すことのできる条件には基本条件と必要条件の二つがあるが、基本条件は動作主の意図するところであり、必要条件は実世界において実現されるべき最低の条件であると考えるのである。しかし、意図性を以てしても、以下のような用法を説明することはできない。

(29) 告诉你吧，要死，我早就死掉了，而且已经 死 过 几次 了。
　　　　　　　　　　　　　　　　　　しかも 既に 死ぬ 経験 幾度 CRS
　我有没有给你讲过我在太行山十字岭战役死里逃生的事？
　（お前に言っておこう。今死んでしまうとしても、私はとっくに死んでいたのだ。しかもすでに何度も死んでいたのだ。お前に太行山十字峰の戦役で死から辛くも逃げおおせたことを話しただろう。）

(29) の「死过几次（幾度も死んだことがある）」が表しているのは、当然死んでもおかしくないような状況に幾度も遭遇した、ということに過ぎない。よって、ここでは、「死（死ぬ）」ことは、動作主の意図したことではない。

このように、中国語の裸動詞は、結果の実現を必ずしも含意しないが、これらを全て動作動詞であると見なすと、今度は個々の動詞の意味を正しく捉えることができないという問題が生じることが分かる。この非結果性は、従来中国

語に特有の現象と見なされることが多く、他の言語での状況とあまり比較されては来なかった。しかし、他の言語でも時制・アスペクトによっては同じ現象が観察される。以下、英語の進行形パラドックスを例にとり、中国語の裸動詞の見せる非結果性と同じことが観察されることを見る。

6.1.3. 進行形パラドックス

進行形パラドックスは、Dowty 1979 で指摘されて以来、よく取り上げられてきた問題である。そのパラドックスとは、完成動詞が進行形で用いられたときに限って、完成動詞の定義から外れた振る舞いを見せる現象を指す。まず、完成動詞は、Vendler の分類の中で、最終点を含意するとされている。言い換えると、その最終点に達して初めて、その完成動詞の表す動作が行われたと言える。ところが、これらの動詞は、進行形で用いられると、その最終点を含意しなくなる。具体例を見てみよう。

(30) a. Mary crossed the street.
　　　（メアリーは道路を横切った。）
　　b. Mary was crossing the street.
　　　（メアリーは道路を横切っていた。）

上の例は両方とも過去時制で表現されている。a の真理条件は、過去のある時点において、メアリーが道路をわたることが真である（∃t[Mary-cross-the-street(t) & Past(t)]）ことだが、この真理条件は b には当てはまらない。b の文は、メアリーが道路をわたり始めてさえいれば真である。言い換えると、メアリーが途中トラックに轢かれて道路をわたり終えなかったときにも、真だからである。

このパラドックスを解くために、Dowty は、可能世界を用いた分析を提案した。まず、時間の流れについて下記のような構造を想定する。ここで、矢印は左から右へ時間の流れを表している。真ん中のまっすぐな矢印は、メアリーが道路をちゃんと渡り終えるような世界を表し、網掛けの部分はメアリーが道路を渡り始めてから渡り終わるまでを表している。この世界 w_2 に対し、途中の枝分かれはそれぞれ、メアリーが途中で轢かれることにおいて w_2 と異なっている世界 w_1、メアリーが途中で引き返した点で w_2 と異なっている世界 w_3 を表し

ている。ここで、"Mary crossed the street" が真であるのは、w_2 においてのみだが、"Mary was crossing the street" の方は w_1、w_2、w_3 のどれにおいても真となる。

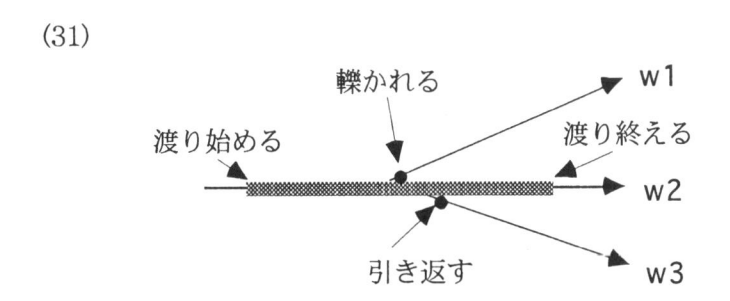

(31)

```
            轢かれる
                         → w1
渡り始める         渡り終える
━━━▓▓▓▓▓●▓▓▓▓▓━━━→ w2
              ●
            引き返す
                         → w3
```

この w_2 が表している世界は、いわば事柄がすべて予想通りに動く世界であると言える。Dowty はこの世界を名付けて「慣性世界（Inertia worlds）」と呼び慣性世界をあたえる関数 Inr を提案している。Inr は、ある世界 w とインターバル i に対し、慣性世界を与える。これは、Inr(<i, w>) と表すことができる。従って、(31)の図に基づいて考えると、可能世界 w とインターバル i に対し、Inr(<i, w>) = w_2 である。

(32)

```
            轢かれる
                         → w1
渡り始める         渡り終える
w ━━▓▓▓▓▓●▓▓▓▓▓━━━→ w2
      i    ●
            引き返す
                         → w3
```

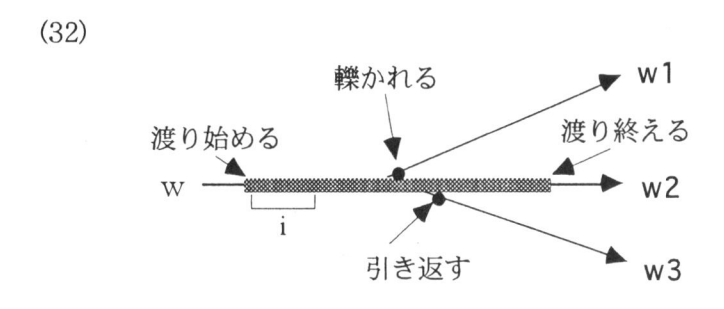

この Inr という関数を用いると、英語の進行形（PROGφ）は次のように定義することができる。

129

(33) 命題φについて、[PROGφ] が <i, w> において真である条件は、i⊂i' であり、i は i' の最後のインターバルでないような、あるインターバル i' と、w'∈Inr(<i, w>) であるような全ての w' について、φ が <i' w'> において真である。

例を挙げると以下のようになる。ここで、Inr(<i, w>)である w' は w_2 のみである。そして、上に述べたように、インターバルを以下のi'のように取れば、w_2 において、"Mary crossed the street" は真である。従って、"Mary was crossing the street" は <i, w> において真である。

(34)

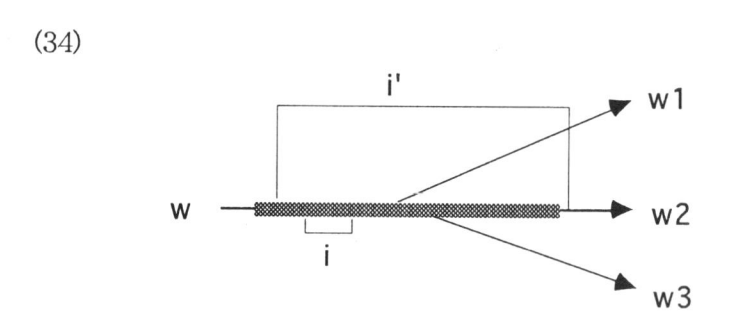

6.2. 中国語の動詞

この節では、中国語において結果の含意がキャンセルされうるのは、英語における進行形パラドックスとおなじ現象と見なすことにより、実際に分析が可能かどうかを見る。

6.2.1. 単純完成動詞

まず、最も単純な自動詞の場合を取り上げると、中国語では以下のような文が可能である。

(35) 我　死　过。
　　　私　死ぬ　経験
　　（私は死にかけたことがある。）

この文は、文字通りには「私は死んだことがある」という意味であるが、実際に表しているのは、「死にそうになったことがある」という意味である。この文字通りの意味と実際の意味のずれは、中国語の動詞に対して、Dowty 1979の英語の進行形に関する定義を少し修正することにより、説明することができる。おもな修正は、最後のインターバルであってはならないと言う規定を取り除いている点である。

(36) 我死→λ<i', w'>[i⊆i'∧w'∈Inr(<i, w>)∧‖我死‖<i', w'>＝真]

英語の進行形は必ず終結点以前の状態を表すが、中国語の裸動詞は、文脈や付加されるアスペクトの種類によっては、最後のインターバルを表しても構わない。

　この主述構造に「过（〜たことがある）」が付加されると、可能世界と時間インターバルのペアが存在量化子で束縛される。また、「过（〜たことがある）」は経験を表す。よって、発話時点を i_0、その文の表す出来事の生じた時点を i で表すなら、i＜i_0 と表すことができる。

(37) 过→λP∈D<<i, w>, t>∃<i, w>[P(<i, w>)∧i'＜i_0]

(35) ‖我死过‖<i, w>＝真
　　　⇔‖过‖(‖我死‖<i, w>)
　　　⇔‖过‖(λ<i', w'>[i⊆i'∧w'∈Inr(<i, w>)∧‖我死‖<i', w'>＝真])
　　　⇔∃<i', w'>[i⊆i'∧w'∈Inr(<i, w>)∧‖我死‖<i', w'>＝真∧i'＜i_0]
　　　＝私が死ぬことが真であるような可能世界が、過去にあった。

一方、「了」が文末に付加された次の文は「彼が現実世界で死んだ」ことを表していると解釈され、可能世界は考慮されない。

(38) 他　死　了。
　　　彼　死ぬ　CRS
　　　（彼は死んだ。）

6.1.2.では、動詞に「了」が付加されても、動作の結果は含意されないことを見た。「了」には、動詞に付加される完了を表すアスペクト助詞「了₁」と文末に付加される語気助詞の「了₂」がある。どちらも参照点 i₀ よりも以前にその出来事が起こったことを表す点では同じだが、可能世界については、前者は可能世界を存在量化子で束縛し、後者はそれが現実世界に一致するという指定を行う点が異なる。つまり、「了₁」を伴う文では、その文のあらわす事柄は、必ずしも現実でおこったとは限らないが、「了₂」を伴う文は、その文のあらわす事柄が、現実でおこったことを含意する。このように、「了」に二種類あると見なす考え方は、朱德熙 1982、Li & Thompson 1981 など、広く認められており、本稿もこの考え方に従っている。

まず、「了₁」を伴う文から見ていく。「了₁」を伴う文では、以下のように、文の持つ結果の含意はキャンセルすることができる。

(39) 张三　杀　了　李四。
　　　張三　殺す　完了　李四
　　　（張三は李四を殺した。）

(40) 张三　杀　了　李四　但是　李四　没　死。
　　　張三　殺す　完了　李四　しかし　李四　なかった　死ぬ
　　　（張三は李四を二度殺そうとしたが、李四は死ななかった。）

この現象は、可能世界の指定がないことから導かれる。「了₁」を伴う文では、可能世界は存在量化子で束縛されているだけで、現実世界とは一致しなくてもよい。

(41) 了₁→λQλxλy∃<i, w> [Q(x)(y)(<i, w>)ˇ＝真∧i<i₀]
(39)' 张三杀了₁李四。
　　　杀了₁→λxλy∃<i, w> [杀(x)(y)(<i, w>)ˇ＝真]
　　　张三杀了₁李四→∃<i, w> [杀(李四)(张三)(<i, w>)ˇ＝真]
　　　＝張三が李四を殺すことが真であるような可能世界があった。

一方、「了₂」はその出来事が参照点 i₀ 以前に起きている（i<i₀）というこ

とに加え、可能世界を現実世界に限定する働き（w'=w）をする。その定義は以下のようになる。

(42) 了$_2$ → λP∈D$_{<<i, w>, t>}$ ∃<i, w>[P(<i, w>)ˇ=真∧w=w$_0$∧i<i$_0$][4]

これを用いると、(38) の真理条件は、参照時間以前にその出来事があったという意味だけでなく、現実世界に起こったことになる。よって、可能世界の概念を含まなくなり、‖結果の含意をキャンセルすることはできなくなる。

(43) *他　死　了$_2$,　但是　　还　　没　　死。
　　　彼　死ぬ　CRS　しかし　まだ　ない　死ぬ
　　（彼は死んだが、まだ死んでいない。）

(38)' ‖他死了$_2$‖$^{<i, w>}$ = 真
　　⇔ ‖了$_2$‖$^{<i, w>}$(‖他死‖$^{<i, w>}$) = 真
　　⇔ ‖了$_2$‖$^{<i, w>}$(λ<i', w'>[i⊆i'∧w'∈Inr(<i, w>)∧‖他死‖$^{<i', w'>}$ = 真])
　　⇔ ∃<i',w'>[i⊆i'∧w'∈Inr(<i, w>)∧‖他死‖$^{<i', w'>}$ = 真∧w'=w$_0$∧i'<i$_0$]
　　⇔ ∃<i',w'>[i⊆i'∧‖他死‖$^{<i', w_0>}$ = 真∧i'<i$_0$]
　　⇔ ∃i' [‖他死‖$^{<i', w_0>}$ = 真∧i'<i$_0$]

結果的に、時間インターバルのみが存在量化子に束縛され、可能世界の概念はなくなる。

6.2.2. 複合的完成動詞

裸動詞は、慣性世界において真であるかどうかしか問題にしないという特性は、目的語の特性によって構成的に完成動詞になった場合にも当てはまる。構成的に完成動詞になるとは、以下のように、動詞自体は動作動詞に分類される場合でも、目的語が一定の決まった数量の物を表す場合は、動詞句全体として完成動詞になる場合である。

---

[4] 第四章では、「了$_2$」の定義をλQ∈D$_{<s, t>}$ ∃s [Q(s)] と定めていた。s は i と w の対であるので、タイプとしては、ここでの定義と同じである。ここの定義では、w=w$_0$ と i'<i$_0$ という指定を持つところが新しい。

(44) John drew a circle.
   a. John was drawing a circle.
   b. John drew a circle in an hour.
(45) Mark ran a mile.
   a. Mark was running a mile.
   b. Mark ran a mile in an hour.

"draw"という動詞自体は、進行形を持ち、動作の最終点を含意しない。従って動作動詞に分類される。だが、"draw a circle"は動作の最終点を含意し、"in an hour"と共起することができるようになる。"run"という動詞についても同様である。一方、中国語では、動作動詞が定量の目的語を伴っても、依然として動作動詞として振る舞う。

(46) 我 画 了 一 张 画。
    私 描く 完了 一 枚 絵
   (私は一枚絵を描いた。)
   a. 我 正在 画 着 一 张 画。
      私 進行 描く 持続 一 枚 絵
     (私はちょうど一枚絵を描いている。)
   b. 我 昨天 画 了 一 张 画, 可是 还 没 画完。
      私 昨日 描く 完了 一 枚 絵 しかし まだ なかった 描く-終わる
     (私は昨日一枚の絵を描きかけたが、まだ描き終わってはいない。)
(47) 我 写 了 一 封 信。
    私 書く 完了 一 枚 手紙
   (私は一枚絵を書いた。)
   a. 我 正在 写 着 一 封 信。
      私 進行 書く 持続 一 枚 手紙
     (私はちょうど一枚絵を描いている。)
   b. 我 昨天 写 了 一 封 信, 可是 还 没 写完。
      私 昨日 書く 完了 一 枚 手紙 しかし まだ なかった 書く-終わる
     (私は昨日一通の手紙を書きかけたが、まだ書き終わってはいない。)

「画（描く）」は進行形を許し、動作の最終点を含意しない。よって、動作動詞である。ところが、「画一张画（一枚の絵を描く）」となっても、動作の最終点を含意せず、動作動詞として振る舞い続ける。

　このような英語と中国語の違いも、中国語の動詞の特性とアスペクト助詞「了」の働きから説明することができる。上述のように、中国語の動詞は、可能世界と時間インターバルのペアを持つが、アスペクト助詞「了」は、可能世界と時間インターバルのペアを存在量化詞で束縛する働きをし、その出来事が現実世界で起こったかどうかは指定しない。よって、中国語では、複合完成動詞も、結果を含意しないのである。

(46) ‖我画了一张画‖$^{<i, w>}$＝真
　　⇔∃<i', w'>[i⊆i'∧w'∈Inr(<i, w>)∧‖我画了一张画‖$^{<i', w'>}$＝真]
　　⇔私が一枚絵を描いたと言うことが真である可能世界が少なくとも一つある。

　このように、中国語においては、結果を含意する意味を持つ動詞及び動詞句に対しては、可能世界の概念を用い、ものごとが自然に発展する世界において、その動作の結果が成立するかどうかを見なければならない。動作動詞の場合は、このような複雑な概念は必要ないようにも見えるが、中国語の動詞を全て統一的に扱うことを目指すなら、動作動詞にも可能世界を考慮した分析をするべきである。次節では、裸動詞が単独で現れている場合について、可能世界を含んだ分析がどのように適用できるかを見る。

6.2.3. 裸動詞の出現する文脈

　裸動詞が可能世界指標から属性の集合への関数であるとみなすと、裸動詞が用いられる文脈を説明することができる。例えば、(48)a についてみると、「她（彼女）」が幼稚園に行きうる世界（事態）のうち、幾つかの不定数の世界（事態）において「她（彼女）」が飛んだり跳ねたりしながら幼稚園に入っていくことが真であることを表す。一方、(48)b では、「今日」という世界（事態）でのみ「她（彼女）」は飛んだり跳ねたりしながら幼稚園に入っていくことが真であることを表している。

(48) a. 本来去幼儿园她已经习惯了，接送都不哭了,<u>有时还一蹦一跳地进幼儿园</u>
   (もともと、幼稚園に行くのも彼女は既に慣れ、送り迎えも泣かなくなっていて、時にはまた飛び跳ねながら幼稚園に入っていくのだった。)

   b. 去幼儿园她终于习惯了，接送不哭了，<u>今天还一蹦一跳地进了幼儿园</u>。
   (幼稚園に行くのも彼女は遂に慣れ、送り迎えも泣かなくなっていて、今日はまた飛び跳ねながら幼稚園に入っていった。)

	(48)a	(48)b
月曜日	「她一蹦一跳的进幼儿园」が偽	?
火曜日	「她一蹦一跳的进幼儿园」が真	?
水曜日	「她一蹦一跳的进幼儿园」が偽	?
木曜日	「她一蹦一跳的进幼儿园」が真	?
今日	「她一蹦一跳的进幼儿园」が偽	「她一蹦一跳的进幼儿园」が真

もう一つ例を挙げると、(49)a では、「几乎是」の働きにより、「望断秋水地找二十四小时营业的肯德基和奶茶店」は現実世界では偽、現実世界によく似たある世界で真であることを示している。一方、(49)b では、現実世界において真であることのみを述べている。

(49) a. 下了高速公路交流站，在不甚熟悉的台中街道上转来绕去，<u>几乎是望断秋水地找二十四小时营业的肯德基和奶茶店</u>。
   (高速道路を降りると、あまり詳しくない台中の道路を行ったり来たりして、あたかも、目も飛びださんばかりに二十四時間営業のケンタッキーフライドチキンと飲料店を探す。)

   b. 下了高速公路交流站，在不甚熟悉的台中街道上转来绕去，<u>望断秋水地找着二十四小时营业的肯德基和奶茶店</u>。
   (高速道路を降りると、あまり詳しくない台中の道路を行ったり来たりして、目も飛びださんばかりに二十四時間営業のケンタッキーフライドチキンと飲料店を探している。)

第六章 動詞

	(49)a	(49)b
非現実世界₁	偽	?
非現実世界₂	真	?
現実世界	偽	真

　このような特性を持つ文脈は、アスペクト助詞を伴わないという現象が見られる。上述のように、アスペクト助詞は可能世界を束縛する働きをする。従って、アスペクト助詞があらわれると、その文の可能世界指標は自由でなくなり、可能世界指標を束縛する演算子、「有时（時に）」「几乎（あたかも）」と言った副詞は使いにくくなるのである。5)

(50)＊本来去幼儿园她已经习惯了，接送都不哭了，有时还一蹦一跳的进了幼儿园。
　　　（もともと、幼稚園に行くのも彼女は既に慣れ、送り迎えも泣かなくなっていて、時にはまた飛び跳ねながら幼稚園に入っていった。）
(51)?下了高速公路交流站，在不甚熟悉的台中街道上转来绕去，几乎是望断秋水地找着二十四小时营业的肯德基和奶茶店。
　　　（高速道路を降りると、あまり詳しくない台中の道路を行ったり来たりして、あたかも、目も飛びださんばかりに二十四時間営業のケンタッキーフライドチキンと飲料店を探している。）

6.2.4. 副詞が裸動詞を修飾する場合

　6.1.1.では、副詞の修飾に関する制約をもとに、中国語の裸動詞は、動作・行為を表すと予想した。しかし、6.1.2.で、単に動作・行為を表すと述べるだけでは、中国語の動詞の意味を正しく捕らえられないことを示し、可能世界を用いた分析を提案した。では、6.1.1.で見たような現象は、この枠組みの中で

---

5) だが、一見内包的演算子に見えながら、アスペクト助詞の出現を許す場合もある。
　　骆驼祥子　　老是　　看　着　车子。
　　ラクダの祥子　いつも　見る　持続　車　（ラクダの祥子はいつも車を見ている。）
これは、「老是（いつも）」という副詞が、可能世界項ではなく、他の項（おそらくイベント項）を束縛しているためであると思われる。同じく動作の頻度を表す「有时（ときには）」とは、文構造上占めうる位置も異なっている。「老是（いつも）」は一般に文頭に立つことができず、必ず主語と動詞の間に現れる。つまり、「老是（いつも）」が束縛しているものは「有时（ときには）」とは異なり、動詞句の与える項だと思われる。

はどのように説明されるだろうか。
　結果を修飾する副詞が裸動詞を修飾できないという現象は、既に見た。しかし、例外的に、同じように結果を修飾する副詞が裸動詞を修飾する例も見られる。

(52) <u>远远</u>　看, 那架飞机就象一只小鸟。
　　　遠くに　見る
　　　（遠くから見ると、その飛行機は一羽の小鳥のようだ。）
(53) <u>更清楚地</u>　　说,　当我们能主动伸出相亲的手给另外个人时,
　　　更にはっきりと　言う　　　　我们获得的往往比付出的还要多、还要美。
　　　（更にはっきり言うと、我々が進んで親愛の手を他の人に差し出すとき、我々の得ているものはしばしば払っているものよりも多く、美しいものだ。）

ここで、補語、介詞構造や「着」を要求する場合と、裸動詞でもよい場合を比較してみると、前者は主に過去における情景を表す文脈であり、後者は条件を表す節にあらわれていることが分かる。本稿では、この現れる文脈の違いが裸動詞への修飾を許すかどうかに関与すると考える。
　条件文では、条件節で限定されるようなすべての可能世界と時間インターバルにおいて、帰結節の表現する内容が真であることを表す。従って、条件文の可能世界と時間インターバルのペアは普遍量化詞で束縛されている。

(52) 远远看, 那架飞机就象一只小鸟。
　　　＝∀<i', w'> [远远看(<i', w'>)] ⇒ [那架飞机就象一只小鸟(<i', w'>)]
　　　（すべての遠くから見るという事態において、その飛行機が小鳥に似ていることが真）

このように、条件文と条件節と帰結節を結ぶために可能世界と時間インターバルが束縛される。この束縛のため、条件節では、仮の結果性が得られ、結果の状態を表す副詞による修飾を可能にしているのだと思われる。

6.3. まとめ

　以上見たように、中国語の裸動詞を、可能世界と時間インターバルのペアから真理値への関数とみなすことにより、中国語の裸動詞のもつ、動作指向性や非結果性などの特性を説明することができる。
　この中でも、中国語の裸動詞をインターバルの観点から分析しなければならないという点は、裸動詞が裸名詞や性質形容詞と同じ質料的性質を有していることを示唆している。なぜなら、インターバルは、点とは異なり、お互いの間に包含関係がありうる、つまり、第一章で質料的領域の特性として述べたように、≦によってお互いの関係を規定することができるからである。

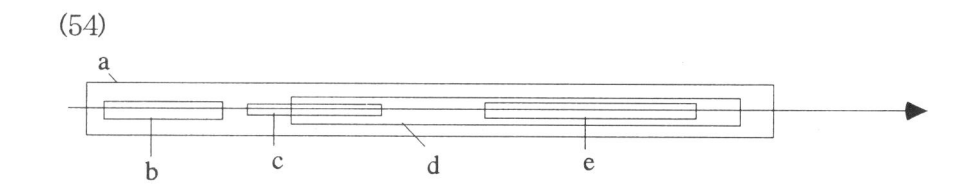

(54)

例えば、上の図で説明すると、インターバル a はインターバル b 、インターバル c、インターバル d、インターバル e を含んでおり、{b, c, d, e} ≦ a である。b, c, d それぞれのインターバル間には包含関係はなく、d と e の間には、e ≦ d という関係がある。このように、この線上にとりうる任意の二つのインターバル A、B について、常に A と B を含む集合 {A、B} がありえる。つまり、第一章で述べた結び操作が成り立つ。

(55) 結び操作：任意の2要素 A, B について、A∪B は、A または B に属するすべての要素からなる集合である。

従って、インターバルのなす構造を、完全結び半束構造と呼ぶことができる。この構造は、中国語の裸名詞の表す構造と同じであるので、中国語の裸動詞は、裸名詞や性質形容詞と同じ性質を持ち、補語を伴う動詞は数量詞を伴う名詞や状態形容詞と同じ性質を持つということができる。

第七章　文終止の問題

7. 文の解釈

　第六章において、中国語の裸動詞は時間のインターバルと可能世界のペアから個体への関数であると仮定し、この仮定に基づくと、中国語の動詞が結果を含意しないという現象を説明できることを見た。この章では、文終止の問題といわれる現象を取り上げ、同じ分析を用いて説明できることを見る。

　文終止の問題は、形態変化を欠く中国語に独特の現象である。即ち、中国語の動詞は、終止形という特別な形態を持たないため、一文の範囲がどこまでなのかが分かりにくいという問題を抱えている。従来は、まとまった意味を持ち、かつ、文のイントネーションを伴う語の連続体が文であると見なされてきた。しかし、「まとまった意味」という点については、明確な定義が困難である。多く見られるのは、一個の主語と一個の述語からなる一まとまりを文の基本と見なす考え方である。しかし、一個の主語と一個の述語からなる主述構造と文は、中国語の場合、同義ではないことが知られている。どのような要素を伴えば、または、どのような文脈にあれば完全な文と見なされるのかが文終止の問題と呼ばれている。

　以下、7.1.では、文終止の問題と言われてきた現象とこれに対する従来の分析を紹介する。7.2.では、中国語の文を可能世界と時間インターバルのペアから真理値への関数とみなし、文終止成分を可能世界と時間インターバルのペアを束縛する演算子と考えることで、これらの現象を説明できることを示す。

＊　この章の内容は、伊藤2001に修正を加えて完成したものである。

7.1. 文終止の問題

　中国語においては、主語-述語からなる構造（以下、単純主述構造と呼ぶ）がいつも完全な陳述文であるとは限らない。例え動詞の項がすべて適切に現れていたとしても、陳述文としては不完全であると感じられることが多い。こういった単純主述構造は、動詞とその項以外に、さらに時間やアスペクト、またはモーダルを表す成分を伴ってやっと完全な陳述文と感じられる。[1]　ここで言う「完全な陳述文」とは、コンテクストに依存せず、陳述文のイントネーションで発話され、しかも後続節を必要としない文である。この定義はやや曖昧なところを残しているが、中国語話者の語感において確かに文が完全であるか否かの区別はあるようである。ここでは、その語感に基づいて「完全な陳述文」を定義する。幸い、この種の文終止の問題を扱った研究は近年ますます増えてきており、本章でその研究の中で取り上げられた例文及びその判断を基に分析を行う。

7.1.1. 文終止成分

　本稿では、単純主述構造を完全な陳述文に変える成分を「文終止成分」と呼ぶ。[2]　文終止の問題を扱った研究には、胡明揚・劲松1989、孔令達1994、黄南松1994、賀陽1994、竟成1996、郭鋭1997、金廷恩1999等があり、そこではどのような成分が文を終止させるかが詳しく観察されている。その観察をまとめると、文終止成分には以下の4種がある。（ここでは、＊は文が終止していないことを表す。）

I. モーダル成分
　　(1) 主観的評価を表す　＊张明 来。　→　张明　也许　来。
　　　　　　　　　　　　　張明 来る　　　張明 かもしれない 来る
　　(2) 可能を表す　　　　＊老王 修 电视。　→　老王　能　修 电视。
　　　　　　　　　　　　　王さん 直す テレビ　　王さん できる 直す テレビ
　　(3) 義務を表す　　　　＊老王 修 电视。　→　老王　应该　修 电视。
　　　　　　　　　　　　　王さん 直す テレビ　　王さん しないといけない 直す テレビ

---

1) 単純主述構造が、疑問、命令、感嘆などのイントネーションを伴ったときも、それぞれ疑問文、命令文、感嘆文として完全であると感じられる。この点については、7.3.2節で述べる。

2) 中国語学では「完句成分」と呼ばれる。

(4) 願望を表す　　＊老王 修 电视。→ 老王　想　修 电视。
　　　　　　　　　　王さん直す テレビ　　王さん したい 直す テレビ

II. 時間を表す副詞
　(5) 未来を表す　　＊王红 回来。→ 王红　明天　回来。
　　　　　　　　　　王紅　帰る　　　王紅　明日　帰る
　(6) 動作が進行中であることを表す　＊小红 过 马路。→ 小红 正在 过 马路。
　　　　　　　　　　　　　　　　　　紅さん越す大通り　紅さん 進行 越す 大通り
　(7) 動作の頻度を表す　＊小明 哭。→ 小明 经常 哭。
　　　　　　　　　　　　明君 泣く　　明君 いつも 泣く
　(8) 出来事がたった今発生したことを表す　＊王红 回来。→ 王红 才 回来。
　　　　　　　　　　　　　　　　　　　　　王紅　帰る　　王紅 やっと 帰る

III. アスペクト成分
　(9) 経験を表す　　＊小王消沉。→ 小王　消沉　过。
　　　　　　　　　　王君落ち込む　王君 落ち込む 経験
　(10) 完了を表す（日常的でない、または抽象的な動作に限る）
　　　　　　　　＊他 加入 民盟。→ 他 加入 了 民盟。
　　　　　　　　　彼 入る 民盟　　彼 入る 完了 民盟
　(11) 持続を表す（主語が場所を表す場合に限る）
　　　　　　　　＊墙上 挂 地图。→ 墙上 挂 着 地图。
　　　　　　　　　壁-上掛ける 地図　壁-上 掛ける 持続 地図

IV. 程度を表す成分
　(12) 程度副詞　　＊天气热。→ 天气　很　热。
　　　　　　　　　　天気 暑い　　天気 とても 暑い
　(13) 比較の対象　＊小王 高。→ 小王 比 小张 高。
　　　　　　　　　　王君 高い　　王君 より 張君 高い

7.1.2. 先行研究

上述の文終止成分が、なぜ文の独立性に関与しているのかについては、大きく分けて以下の三つの見方がある。[3]

<1> 時間的要因：文終止成分は時間に関わる概念を表している。陳述文というものは、特にそれが動作動詞からなる際、時間的要素が必要であるため、文終止成分を必要とする。（竟成 1996, 郭鋭 1997）

<2> 現実性の要因：文終止成分は、文が表している内容をある特定の状況に関連づける機能を果たす（黄南松 1994）。 文が伝達機能を果たすためには、この関連づけは必ず必要である（賀揚 1994）。

<3> 情報量の要因：文終止成分は、新しい情報、即ち文における焦点を表す。新情報があるか否か、また、情報量が十分にあるかどうかは、文の独立性を左右し、よってこれら文終止成分は不可欠なのである。（孔令達 1994）

だが、これらの見方は、どれも単独で文終止問題のすべての現象を説明することができない。[4] 例えば、以下の四つの現象は、<1>の時間的要因でも、<2>の現実性の要因でも説明することができない。

i) 未来における時間を表す副詞は文を終止させる働きをするが、過去における時間を表す副詞は文を終止させることができない。

(5) ＊王红 回来。 → 王红 明天 回来。
　　　王紅 帰る　　　王紅 明日 帰る
(14) ＊王红回来。 → ＊王红 昨天 回来。
　　　王紅 帰る　　　王紅 昨日 帰る

---

3) 他に、 金廷恩 1999 は文終止成分は文の根幹以外の部分であると定義し、 コミュニケーションに際して必要不可欠なものであると主張している。だが、なぜ必要不可欠であるかについての説明は提案されていいない。

ii) 動作が行われる頻度を表す語のみが文終止の働きをし、単に行われる回数を表す語はその働きをしない。

(7) ＊小明 哭。 → 小明 经常 哭。
　　　明君 泣く　　明君 いつも 泣く
(15) ＊小明 哭。 → ＊小明 哭 一次。
　　　明君　泣く　　明君　泣く 一度

iii) アスペクト助詞「了」と「着」のもつ文を終止させる働きは、制限されている。「了」は、文の表す意味が日常的でない動作や抽象的な動作を表すときには文を終止させることができるが、それ以外の時は文を終止させることができない。「着」も、主語が場所を表す場合にのみ単独で文を終止させる働きをする。それ以外の時は文を終止させることができない。[5]

(16) ＊他 喝 汤。 → ＊他 喝 了 汤。
　　　彼 飲む スープ　　彼 飲む 完了 スープ
(17) ＊他 举 红旗。 → ＊他 举 着 红旗。
　　　彼 掲げる 赤旗　　彼 掲げる 持続 赤旗

iv) 程度副詞は現実性とも時間とも関わりがないため、これまでの説明では程度副詞が文終止成分として機能するのはなぜかを説明することができない。

　これら四つの問題のうち、iii) と iv) については、それぞれ第三章と第四章で論じた。以下のように、アスペクト助詞「了」の他に、数量表現を必要とするのは、中国語の裸名詞の持つ状況依存性と、動詞のタイプとのミスマッチによって

---

4) 先行研究の中でも、郭鋭 1997 は現実の出来事を表す文のみが文終止成分を必要とし、非現実の出来事を表す文は必要としないと指摘している。

5) 数量詞を伴う代わりに、様態副詞を伴っていても容認される。
　　＊小船 过 六沙河。→ ＊小船 过 了 六沙河。→ 小船 平平稳稳地 过 了 六沙河。
　　小舟 渡る 六沙河　　 小舟 渡る 完了 六沙河　　小舟 静かに 渡る 完了 六沙河
　　＊小强 看 黑板。→ ＊小强 看 着 黑板。→ 小强 目 不转睛地 看 着 黑板。
　　強君 見る 黒板　　　強君 見る 持続 黒板　　　強君　じっと　見る 持続 黒板
この現象については、様態副詞がその文に臨場感を与え、状況項が定まっていると感じられるようになり、裸名詞のタイプが <e> タイプに変わるためであると思われる。

説明することができる。

(18) *他 喝 汤。 → *他 喝 了 汤。 → 他 喝 了 两碗汤。
　　　彼 飲む スープ　　　彼 飲む 完了 スープ　　彼 飲む 完了 2 碗 スープ

アスペクト助詞「着」も、同様に数量表現を必要とするが、これもアスペクト助詞「了」の分析に準じて説明することができる。

(19) *他 举 红旗。 → *他 举 着 红旗。 → 他 举 着 一面红旗。
　　　彼 掲げる 赤旗　　彼 掲げる 持続 赤旗　　彼 掲げる 持続 1 枚 赤旗

ここでむしろ問題となるのは、数量詞を必要としない場合である。本章では、この問題について、裸名詞の持つ状況項が文脈で与えられるかどうかによって説明する。

また、iv)に関しては、第五章で形容詞特有の比較の対象を要求するという性質により、説明できることを見た。そこで、以下では、i)、ii)、iii)の現象を中心に分析を提案する。

なお、上記に紹介した説明のうち、<3>の情報量の要因によるものは適用できる現象がごく限られているという問題がある。数量表現が文の焦点として機能していると見なすならば、(16)、(17)の容認度に対し、(18)、(19)の例文が容認される点はよく説明される。しかし、上に挙げたすべての文終止成分が新情報や焦点であるとは直感的に感じられず、他の現象を説明する際には、別の方法を用いて説明することになり、統一性を欠く。従って、本稿では論じない。

7.2. 提案

まず、上記の文終止成分は、単純主述構造のあらわす命題がいつおこったか、また現実か非現実かを示す働きをしていると見なすことができる。言い換えると、単純主述構造に「時間」と「世界」の指定を与える働きをする。従って、単純主述構造は、命題（文の内包）、[6] つまり「時間」と「世界」の指定を受けて外

[6) 内包的文脈とは、普通、ある名詞をそれと同一指示の別の表現に変えることが出来ない文脈

延（真理値）を与える関数を表す。よって、単純主述構造が文終止成分を必要とするのは、「時間」と「世界」の指定を受けて真理判断を可能にするためであると説明することができる。

以下、7.2.1.では、ここで用いる「命題」とはどのような概念かについて述べ、7.2.2.で命題と文終止成分との関係を明らかにし、7.2.3.では、文終止成分以外に、文を成立させる条件、疑問、命令、感嘆などのイントネーションや状態性の概念が果たしている役割についても分析を試みる。

7.2.1. 命題とは何か

命題とは文の内包である。従って、まず内包とはどういう概念であるかを以下に示す。

内包は外延と対を成す概念である。伝統的な論理学においては、ある名詞の表す内包とは、その名詞の表す対象が備えている性質や特性であり、同じく外延とはその指す対象または対象の集合を指している。例えば、「犬」と言う名詞の内包は、「足が四本ある」、「わんわんと吠える」、「毛むくじゃらである」といった、一般に犬が備えている性質や特性である。一方、「犬」の外延はこれらの性質や特性によって決定される対象の集合（即ち犬である個体の集合）である。

外延という概念については、この伝統的な見方は現在も何ら変わることはない。だが、内包の概念については、その定義は幾度か変遷をへ、現代の形式意味論における定義は、伝統的な見方とは異なっている。例を挙げると、今、a を名詞とすると、a が表す内包は、時間と可能世界のペアから a の外延への関数である。ここで、$i_1, i_2, ..., i_n$ が時間の指標を表し、$w_1, w_2, ..., w_n$ が可能世界の指標を表すとすると、a の内包は以下のように表される。

$<i_1, w_1>$ → 世界 w_1 と、時間 i_1 における、a という属性を持つ個体の集合
$<i_2, w_2>$ → 世界 w_2 と、時間 i_2 における、a という属性を持つ個体の集合
　　　:　　　　　　　　　　:
$<i_m, w_n>$ → 世界 w_n と、時間 i_m における、a という属性を持つ個体の集合

を指す。例えば、「宵の明星」と「明の明星」はどちらも金星を指し、従って「宵の明星に探索宇宙船を送った」は、「明の明星に探索宇宙船を送った」と言い換えても真理値は変わらない。一方、「〜を信じる」というのは内包的文脈を形成し、「宵の明星は金星だと信じている」を、「明けの明星は金星だと信じている」に言い換えると、真理値は変わってしまう。ただし、ここで論じる簡単主述構造については、それは単独で陳述文をなさず、また、単独で成立する場合も疑問文や命令文、感嘆文などの真理値を単純にはかれない場合のため、このテストを適用することはできない。

以後、上記のような関数を「^a」で表し、世界 w_n と時間 i_m において a という属性を持つ個体の集合を「‖a‖$^{<i_m, w_n>}$」で表す。つまり、a の内包 ^a は世界と時間の指定を与えられて初めて a の外延 ‖a‖$^{<i_m, w_n>}$ に変わることができる。

この内包の定義は、名詞に適用されるばかりでなく、動詞にも当てはまる。自動詞の場合にはそれは可能世界と時間の指定から個体の集合への関数である。他動詞の場合にも、やはり可能世界と時間の指定から動作主と被動作主の順序対の集合への関数である。例えば、「食べる」の内包は下のように表示できる。（＜　＞は順序対を表し、｛　｝は集合を表す。）

＜5/20朝、現実＞ → ｛<x,y>:現実世界の5/20朝にxがyを食べる関係にある｝
　　　　　　　　　=｛＜花子、果物＞、＜太郎、パン＞、＜次郎、トースト＞｝
＜5/20昼、現実＞ → ｛<x,y>:現実世界の5/20昼にxがyを食べる関係にある｝
　　　　　　　　　=｛＜花子、冷麺＞、＜太郎、果物＞、＜次郎、焼きめし＞｝
＜5/20夜、空想＞ → ｛<x,y>:空想世界の5/20夜にxがyを食べる関係にある｝
　　　　　　　　　=｛＜花子、鰻重＞、＜太郎、寿司＞、＜次郎、カレー＞｝

名詞の場合と同じように、以下「^食べる」によって上に表した関数を指し、「‖食べる‖$^{<i_m, w_n>}$」によってある世界 w_n のある時間 i_m における「食べる」いう関係を持つ個体の順序対の集合を表す。

文にも内包と外延の区別がある。文の外延は真理値であり、文の内包は可能世界と時間の対から真理値への関数である。例えば、上の「^食べる」の定義からすると、「花子が果物を食べる」の内包は、次のようになる。

　　　＜5/20朝、現実＞ →　　真
　　　＜5/20昼、現実＞ →　　偽
　　　＜5/20夜、空想＞ →　　偽

以下、「^花子が果物を食べる」によって上の関数を表す。これが即ち命題である。よって、命題「^花子が果物を食べる」は世界と時間の指定が決まった後、ようやくその真理値を決定することができると言えよう。以下の議論においては、特に現実世界を w_0 で表し、参照時間インターバル（多くは発話時間に一致する）を i_0 で表す。それ以外の世界と時間については、w' や i' を用いる。

7.2.2. 文終止成分の機能

すでに先行研究においても文の成立と時間の概念と現実性の概念が密接な関係にあり、この二つが文終止の可否を決定することは観察されている。しかし、文終止成分を伴わない主述構造はいったいどのように定義できるのか、あるいは文終止成分を伴うとどんな変化が起こるのかをはっきりと示した研究はない。先に述べたように、ここでは主述構造は命題を表しており、文終止成分は世界と時間の量化を行っていると主張する。即ち、主述構造は文終止成分を伴って、ようやく真理判断を下すことができるのである。それでは、具体的な分析を見ていこう。

I. モーダル成分

様相論理の枠組みによると、モーダルには認識的モーダルと義務的モーダルの二種類がある。認識的モーダルとは、文の表す命題が真である可能性を表す。論理的に言うと、到達可能（accessible）な世界の中で、少なくとも一つの世界において、その命題が真であることを表す。

(20) $\exists w' [w'Rw_0 \wedge \|P\|^{w'} = 真]$

（Pは命題を表し、w'Rw₀は、ある世界 w' が現実世界 w₀ から想像しうるということを表す。）

義務的モーダルが表すのは、文の表す命題が真でなければならないことをである。論理的には、すべての想像可能な世界の中で、その文が表す命題が真であることを表す。

(21) $\forall w' [w'Rw_0 \wedge \|P\|^{w'} = 真)$

具体的に中国語について言うと、「也许（〜かもしれない）」「能（できる）」「会（〜かもしれない）」などは認識モーダルに属し、「应该（〜なければならない）」「必须（〜なければならない）」などは義務的モーダルに属する。これらの語は、∀と∃の違い以外にも、w' が表している世界の性質において異なっている。[7] 例えば、「也许」の基本的意味は $\exists w' [w'Rw_0 \wedge \|P\|^{w'} = 真]$ であ

---

7) Kratzer 1991 参照。

るが、もう少し正確に言うと、「w'が表す世界は、w_0と同じような環境を持つ」という条件が必要である。「能」の基本的意味は、「也许」と全く同じであるが、「能」のw'指定は「世界w'でも命題の主語部分の持つ能力はw_0と変わらない」という点が「也许」とは異なっている。同じく「应该」の基本的意味は$\forall w'[w'Rw_0 \land \|P\|^{w'}=真]$であるが、w'の指定は「w'は人がみな規則を守る理想世界を表す」である。このように、モーダル成分を考えるに当たっては、そのモーダルの基本的意味とw'の指定部分を区別して考えなければならない。本章では、各文終止成分の備えている共通点を明らかにすることを目的としており、これらの語におけるw'の指定については特に論じない。以下、各モーダルの基本的意味を中心に提案し、w'の指定部分は簡単に触れるにとどめる。

上述のモーダル成分の基本的意味から、命題の持つ世界wは適切に束縛されることが分かる。それでは、時間インターバル i [8] はどのように束縛されるのだろうか？これは明確には決めがたいが、各世界においてもそれぞれの時間の流れがあり、ある世界においてある命題が真であることはつまり、ある時点があってその時点において命題が真であることに他ならないと考えられる。よって、適切な時間インターバル i が存在する（$\exists i [\|P\|^i=真]$）という形で i は束縛される。このようにして、ある単純主述構造の $<i, w>$ は演算子による束縛の形で決定され、全体として外延に変わることができる。

(22) 也许：$\|张明也许来\|^{<i_0, w_0>}$
　　　　$= \|也许(\char"2C6张明来)\|^{<i_0, w_0>}$
　　　　$= \exists w' \exists i' [<i', w'>R<i_0, w_0> \land \|张明来\|^{<i', w'>}=真]$

(23) 能：$\|老王能修电视\|^{<i_0, w_0>}$
　　　　$= \|能(\char"2C6老王修电视)\|^{<i_0, w_0>}$
　　　　$= \exists w' \exists i' [<i', w'>R<i_0, w_0> \land \|老王修电视\|^{<i', w'>}=真]$

(24) 应该：$\|老王应该修电视\|^{<i_0, w_0>}$
　　　　$= \|应该(\char"2C6老王修电视)\|^{<i_0, w_0>}$
　　　　$= \forall w' \exists i' [<i', w'>R<i_0, w_0> \land \|老王修电视\|^{<i', w'>}=真]$

以上は、文を終止させる働きをするモーダル成分のうち、(1)〜(3)に挙げた要

---

[8] 中国語を扱う際には、時間点でなく、時間インターバルを基本に考えるべきであることは、前章で既に論じた。以後、この章でも時間インターバルを用いて分析する。

素の説明である。最後に、願望を表す動詞 (4) を取り上げる。これらの動詞は、世界創造的述語に属する。「想」を例にとると、通常のモーダルとは異なるのは、それ自身が動詞としての役割も持つ点である。そのため、それ自身の項、即ち主語をとる。例えば、「x 想 p（x が p を望む）」は、主語 x となる個体の願望の世界において、P が常に真であると規定することができる。即ち、w' の指定は、「w' は主語になる個体の願望の世界」である。

(25) 想:　‖老王想修电视‖$^{<i_0, w_0>}$
　　　　 =‖想(老王, ^老王修电视)‖$^{<i_0, w_0>}$
　　　　 =$\forall w' \exists i' [<i', w'>R<i_0, w_0> \land$ ‖老王修电视‖$^{<i', w'>}$=真]

II. 時間を表す副詞

　時間を表す副詞は、一般には単に出来事が発生した時間を表すと思われている。しかし、「明天」などの未来の時間を表す語は、それ以外に、世界指標 w を束縛するという機能がある。なぜなら、我々は未来の世界については、何通りにも想像することができるため、「明日」などの語はそれら想像可能なすべての世界において真であることを表さなければならないからである。それに対し、「昨日」など過去を表す語は、世界を束縛する機能を持たない。なぜなら、過去の世界は一つしか存在しないからである。従って、「昨日」には文を終わらせる働きはなく、「明日」のみがその働きを持つ。

(5) *王红回来。→ *王红昨天回来。
(14) *王红回来。→ 王红明天回来。

w は「明日」の持つ $\forall$ により束縛され、w' の指定は、「w' はあらゆる条件が w_0 と変わらない世界」である。時間インターバルについては、「i' は i_0 の属する日の次の日におけるある時間インターバル」という指定をすることができる。

(26) 明天:　‖王红明天回来‖$^{<i_0, w_0>}$
　　　　　 =‖明天(^王红回来)‖$^{<i_0, w_0>}$
　　　　　 =$\forall w' \exists i' [<i', w'>R<i_0, w_0> \land i' < i_0 \land$ ‖王红回来‖$^{<i', w'>}$=真]

動作が進行中であることを表す「正在（している）」と、出来事の起きる頻度を表す副詞「経常」も<i,w>の指定と無関係でない。まず、進行形については、第六章で英語の進行形について見たように、その真理値は以下のように規定される。

(27) 命題φについて、[PROGφ] が <i, w> において真である条件は、i⊂i' であり、i は i' の最後のインターバルでないような、あるインターバル i' と、w'∈Inr(<i, w>) であるような全ての w' について、φ が <i' w'> において真である。

即ち、「正在（ている）」が用いられる時の w' の指定は、Inr が現実世界に対して与える慣性世界である。

(28) 正在： ‖小红正在过马路‖$^{<i_0, w_0>}$
　　　　　 =‖正在(^小红过马路)‖$^{<i_0, w_0>}$
　　　　　 =∀w' ∃i' [<i', w'>R<i_0, w_0> ∧ ‖小红过马路‖$^{<i', w'>}$=真]

「経常（いつも）」という副詞は、過去だけでなく、未来も考慮してその命題が真であるかどうかを判断している。従って、可能世界指標を量化する働きを持つと見なすことができる。以下のように、現実世界と十分によく似ているすべての可能世界における、ある時間インターバルにおいて、「明君が泣く」ということが常に真であることを表している。

(29) 経常： ‖小明经常哭‖$^{<i_0, w_0>}$
　　　　　 =‖经常(^小明哭)‖$^{<i_0, w_0>}$
　　　　　 =∀w' ∃i' [<i', w'>R<i_0, w_0> ∧ ‖小明哭‖$^{<i', w'>}$=真]

それでは、ここで、先に提起した問題 ii)、即ち、なぜ動作が行われる頻度を表す語のみが文終止の働きをし、単われる回数を表す語はその働きをしないのかについて考えてみよう。出来事の回数は、すでに起こった出来事を数えることにより（少なくともすでに起こったと仮定して数えることにより）与えられるもの

である。つまり、可能世界でその出来事が起こったかどうかは問題にしない。逆に言うと、可能世界項を束縛する力は備えていないのである。これが、行われる回数を表す語が文終止の働きを果たさない理由である。

III. アスペクト

　アスペクト助詞は、参照時間に相対的な時間を表す。即ち、「了（完了）」は参照時間以前にその出来事が起きたことを表し、「着（継続）」は出来事が参照時間において進行中であること、または以前に起きた出来事のもたらした状態が参照時間において持続していることを表す。一方、「过（経験）」はある時間以前に、その文の表す出来事が既に起きたことを表す。文を終止させる働きについては、これら三つのアスペクト助詞の働きは、不完全であると見なされてきた。文を終止させるためには、これらアスペクト助詞の他、目的語名詞句が数量表現を伴う必要があるからである。

　第六章では、これらアスペクト助詞は、可能世界と時間インターバルのペアを存在量化詞で束縛する働きをすることをみた。よって、アスペクト助詞は、本来なら文を終止させることができるはずである。本稿では、目的語名詞句に数量詞を必要とするのは、文終止の問題ではなく、動詞と目的語のタイプミスマッチのためであるとみなす。この問題については、すでに第四章でアスペクト助詞「了」を取り上げて論じた。

(30) * 他喝了汤。
　　　汤→スープ^k　　または　　$\lambda s \iota x [x \leqq \text{Count}_s (スープ^k)]$
　　　喝了→$\lambda x \in D_{<e>} [\,x を飲んだ\,]$

裸名詞「汤（スープ）」は、類名のままであるか、または状況に対して特定の個体を指定する表現に変わる。[9]　一方、動詞は、個体を項としてとるので、この状態では、動詞と結びつくことができない。そこで、数量詞が一般量化詞の働きをすることにより、両者を結び付けることができるようになる。

---

[9] 第二〜四章で用いてきた、「状況」という概念は、可能世界と時間インターバルのペアであると見なすことができる。

(31) 他喝了两碗汤。
　　　两碗汤→λP∈D_{<e,t>} ∃2x [x≦スープ^k ∧ P(x)]
　　　他喝了→λx∈D_{<e>} [彼がxを飲んだ]
　　　他喝了两碗汤→∃2x [x≦スープ^k ∧ 彼がxを飲んだ]

　ここでむしろ問題となるのは、裸名詞であっても文が成立する場合である。非日常的な出来事を表す場合には、完了を表すアスペクト助詞「了」を伴えば、目的語が数量詞を伴っていなくても、文が終止していると感じられる。

(32) 他 加入 了 民盟。
　　　彼 入る 完了 民盟
　　（彼は民盟に入った。）

「民盟（民盟）」は類名のままであるか、または「λsιx [x∈Count_s(民盟^k)]」に変わっているはずである。数量詞の力を借りずに個体を項にとる動詞と結びつくには、状況項が特定化されることにより「λsιx [x∈Count_s(民盟^k)]」から「ιx [x∈Count_s(民盟^k)]」が得られれば可能である。このような非日常的な出来事を表す場合には、状況項の特定化が起こっており、目的語名詞句が特定の個体を表すため、直接に動詞と結びつくことができるのだと考えられる。目的語名詞句が特定の個体を表すという点は、実際の語感とも一致している。
　一方、持続のアスペクトを表す「着」は、主語が場所を表す場合には、目的語が数量詞を伴っていなくても、文が終止していると感じられる。

(33) 墙上　挂　着　地图。
　　　壁-上掛ける持続　地図
　　（壁に地図が掛けてある。）

「了」の場合と異なり、この場合には目的語名詞句が特定の個体を指しているとは考えにくい。ただし、主語が表す場所とこの名詞句がリンクされているという解釈が行われ、結果的に状況項の指定につながっているのではないかと思われる。こういった場所を表す主語を持ち、動詞が持続のアスペクトを表す「着」を伴う文は小説の中などで一連の情景描写として現れることが多いこととも関連がある。

状況項の指定のされ方については、より詳しく見る必要があるが、本稿では、仮説として以上のような説明を与えておく。

　経験を表すアスペクト助詞「过（経験）」は、従来の文献では、それだけで文を終止させると見なされてきた。これは、例として挙げられたのが、次のような自動詞文であり、「了」や「着」の例と対応していなかったためである。

(34) 小王　消沈　　过。
　　　王君　落ち込む　経験
　　　（王君は落ち込んだことがある。）

「过」の場合も、日常的動作を表す動詞-目的語構造の場合は、それだけでは文が終止しない。「过」が経験のアスペクトを表すとき、文が独立して用いられるためには、やはり非日常的な動作でなければならない。[10]　この点において、「了」と同じく、文を終止させる力は持つが、目的語名詞の特性により、文が不完全であると感じられると説明することができる。

(35) 鈴木吃　　过　饺子。
　　　鈴木食べる　経験 食べる
　　　（鈴木君は餃子を食べたことがある。）

7.2.3. 他の文終止条件

　以上、文終止成分の機能とそれが一つの主述構造を完全な文に変える仮定を見てきた。しかし、これらの文終止成分を伴わなくても、文は終止していると感じられる場合がある。それは、以下に見るように四つある。第一に、文が特殊なイントネーション、疑問や反語、命令、感嘆などのイントネーションを伴うとき、第二に状態を表す動詞が述語であるとき、第三に文の表している内容が客観的真理や普遍性のある規則であるとき、第四に二つの単純主述構造が結びついて一つの陳述文を作るときである。この節では、これらの、文終止成分を伴わなくとも文が終止する場合を取り上げ、それらがなぜ成立するのかを明らかにする。

---

10) 次の例では、「过」が単独で文を終止させているように見えるが、この場合の「过」は経験アスペクトではなく、その動作を行ったことを表す補語である。
　　鈴木　吃　过　饭。
　　鈴木 食べる 過ぎる ごはん　（鈴木君はご飯を済ませた。）

V. 疑問や反語、命令、感嘆などのイントネーションを伴うとき。

単純主述構造は、疑問や反語、命令、感嘆などのイントネーションを伴うとき、文終止成分を伴わなくとも単独で用いられる。

(36) ＊客人　走。　→　客人　走？　（疑問）
　　　 お客さん 行く　　お客さん 行く　（お客さんは帰ったの？）
(37) ＊客人　走。　→　你走！　（命令）
　　　 お客さん 行く　　君 行く　（行きなさい！）
(38) ＊这　孩子　可怜　→　这 孩子 可怜哪！　（感嘆）
　　　 この　子 可愛そう　この　子 可愛そうよ　（この子は可愛そうだよ。）
(39) ＊人家　傻。　→　人家　傻？　（反語）
　　　 あの人 馬鹿　　あの人 馬鹿　（あの人が馬鹿だって？）

胡明揚・劲松1989は、これらの特殊なイントネーションは「現実性」をうち消す働きをし、その文が非現実の事柄を表すため、文終止成分がなくとも、完全な文と認められるのだと説明している。一方、竟成1996は、特殊なイントネーションは文を時間軸上のある点に関係づける働きをするので、文終止成分を欠いていてもかまわないのだと述べている。このように、単純主述構造がこれらのイントネーションを伴ったとき、なぜ文終止成分を必要としないかについては、研究者によってまったく異なる見方が提案されている。本稿では、疑問、命令、感嘆、反語は、いずれも可能世界項を束縛する働きがあることを示し、この現象を説明する。

疑問文は、ある世界のある時間インターバルにおいて文の表す内容が真であるか、または偽であることを表す（Karttunen 1977、Higginbotham 1997）。従って、可能世界項は存在量化子により束縛されている。

(36) $\| 天气热？\|^{<i_0,\ w_0>}$
　　　$= \exists w' \exists i' [<i', w'> R <i_0, w_0> \land \| 天气热 \|^{<i',w'>} = 真 \lor \| 天气热 \|^{<i',w'>} = 假]$

命令文は、話し手の考える全ての未来世界におけるある時間インターバルにお

いて、文の表す内容が真であることを表している。従って、可能世界項は普遍量化子により束縛されている。

(37) ∥你走！∥$^{<i_0, w_0>}$=∀w'∃i' [< i', w'>R< i_0, w_0>∧ ∥你走∥$^{<i', w'>}$=真]

感嘆文は、文の表す内容が、話し手の予期していた世界において偽であり、かつ、現実世界において真であることを表している。可能世界項と時間インターバルは存在量化子により束縛される。

(38) ∥这孩子可怜哪！∥$^{<i_0, w_0>}$
　　=∃w'∃i'[<i',w>R<i_0, w_0>∧ ∥这孩子可怜∥$^{<i_0, w_0>}$=真∧∥这孩子可怜∥$^{<i', w'>}$=偽]

反語は、文の表す内容が、現実世界では偽であり、ある可能世界では真であることを表している。可能世界項と時間インターバルは存在量化子により束縛されている。

(39) ∥人家傻？∥$^{<i, w>}$
　　=∃w'∃i'[<i',w>R<i_0, w_0>∧ ∥人家傻∥$^{<i, w>}$=偽　∧　∥人家傻∥$^{<i', w'>}$=真]

VI. 状態を表す動詞が述語であるとき。
　単純主述構造の述語が状態を表す動詞からなるとき、その構造は文終止成分がなくても終止していると感じられる。

(40) 老王　是　演员。
　　　王さん Cop.　俳優
　　（王さんは俳優だ。）
(41) 王红　喜欢　书。
　　　王紅　好きだ　本
　　（王紅は本が好きだ。）

郭锐 1997 では、状態を表す動詞は限定されない、均一な動作を表すので、起きた時間を言わなくても終止するという説明を与えた。しかし、ここでの枠組み

では、状態を表す動詞の持つ文終止力に対して、未来を表す副詞や進行形を表す副詞が文を終止させる現象と同じ説明を与えることができる。つまり、状態は一般に未来においてもそれが継続することを含意しており、従って可能世界が不変量化詞で束縛された意味を表すと考えることができる。また、時間インターバルも普遍量化子で束縛されていると見なされる。

(40) ‖老王是演员‖ $^{<i_0, w_0>}$
    $=\forall w'\forall i' [<i', w'>R<i_0, w_0> \wedge$ ‖老王是演员‖ $^{<i', w'>}=$真$]$

(41) ‖王红喜欢书‖ $^{<i_0, w_0>}$
    $=\forall w'\forall i' [<i', w'>R<i_0, w_0> \wedge$ ‖王红喜欢书‖ $^{<i', w'>}=$真$]$

VII. 文の表している内容が客観的真理や普遍性のある規則であるとき。

文の表している内容が、客観的真理や普遍性のある規則であるとき、文終止成分は必要ない。

(42) 地球　围绕　太阳　转。
    地球　巡る　太陽　回る　（地球は太陽を巡って回る。）

(43) 杀人者　偿命。
    人殺し　償う　命　（人殺しは命で償わなければならない）

これについて黄南松1994は、客観的真理や普遍性を持つ規則は、現実とは無関係であるので、文終止成分がなくとも構わないのだと述べている。しかし、これらの文の表す内容は、現実でも真でなければいけないので、「現実とは無関係」だということはできない。この種の文は、義務的モーダルを含んでいるのと同じ、即ち、すべての可能世界と時間インターバルにおいて、文の表す内容が成り立つということを表しているのであるから、可能世界と時間インターバルは普遍量化子により束縛されていると見なすことができる。

(42) ‖地球围绕太阳转‖ $^{<i_0, w_0>}$
    $=\forall w'\forall i' [<i', w'>R<i_0, w_0> \wedge$ ‖地球围绕太阳转‖ $^{<i', w'>}=$真$]$

(43) ‖杀人者偿命‖ $^{<i_0, w_0>}$
    $=\forall w'\forall i' [<i', w'>R<i_0, w_0> \wedge$ ‖杀人者偿命‖ $^{<i', w'>}=$真$]$

第七章 文終止の問題

VIII. 二つの単純主述構造が結びついて一つの陳述文を作るとき。

二つ以上の単純主述構造が結びついているとき文終止成分は必要なくなる。

(44) * 今天 热。 → 今天 热, 昨天 凉。 （比較）
　　　今日 暑い　　今日 暑い　昨日 涼しい
　　(今日は暑く、昨日は涼しい。)

(45) * 天气 热。 → 天气 热, 你 就 别 去 了 吧。 （後続節）
　　　天気 暑い　　天気 暑い 君そこでするな 行く 完了 しよう
　　(暑いから、行くのはよしなさいよ)

(46) * 小王 拿 钥匙。 → 小王 拿 钥匙 开 门。 （動詞連続構造）
　　　王君 持つ 鍵　　王君 持つ 鍵 開ける 門
　　(王君は鍵を持って門を開けた。)

(47) * 小王 请 老王。 → 小王 请 老王 吃 饭。 （兼語構造）
　　　王君 おごる 王さん　　王君 おごる 王さん 食べる ご飯
　　(王君は王さんにご飯をおごった。)

これらの文は、「流水句（流水文）」とも呼ばれ、単純主述構造が幾つか組合わさるだけで、全体としてみると文として完全に感じられる現象である。この現象の分析については、一回性の出来事を表す場合には、テキストレベルでの存在量化子、条件の意味を含むものについては、前後の文を結ぶ普遍量化子が考えられよう。

(44) $\|今天热, 昨天凉\|^{<i,w>} = \exists w \exists i [\|今天热\|^{<i,w>} = 真 \wedge \|昨天凉\|^{<i,w>} = 真]$

(45) $\|天气热, 你就别去了吧\|^{<i,w>}$
　　　　　$= \forall w \exists i [\|天气热\|^{<i,w>} = 真 \rightarrow \|你就别去了吧\|^{<i,w>} = 真]$

(46) $\|小王拿钥匙开门\|^{<i,w>}$
　　　　　$= \exists w \exists i [\|小王拿钥匙\|^{<i,w>} = 真 \wedge \|小王开门\|^{<i,w>} = 真]$

(47) $\|小王请老王吃饭\|^{<i,w>}$
　　　　　$= \exists w \exists i [\|小王请老王\|^{<i,w>} = 真 \wedge \|小王吃饭\|^{<i,w>} = 真]$

7.3. まとめ

　この節では、中国語における単純主述構造が命題を表しており、可能世界と時間インターバルの指定を別に必要とするという提案を行い、これまで観察された文終止成分は、いずれも可能世界と時間インターバルのペアを束縛する働きを持つことを見た。この分析に従えば、よく似た要素、例えば「明日」と「昨日」のようなともに時間を表す副詞であっても、それが可能世界の概念を考慮するかどうかにより、文を終止させる働きを持つかどうかが異なること説明することができる。また、文終止成分を伴わずに文が終止する事例も、同じ分析を用いて説明することができる。

　また、文終止の問題の一部は、中国語の裸名詞と性質形容詞の特性、裸動詞の意味論などと複雑に絡み合った現象だが、本稿の第二章から第六章までの分析に基づくことにより、説明がようやく可能になるものである。

参考文献

<英語>

Carlson, G. N. & Francis J. Pelletier (eds.), 1995 *The Generic Book*. The University of Chicago Press, Chicago.

Carlson, G. N. 1977 *Reference to Kinds in English*. Ph.D. dissertation, University of Massachusetts.

Cheng, Lisa L.-S. To appear. Yi-wan tang, yi-ge tang: Classifiers and massifiers. *Tsing-Hua Journal of Chinese Studies*.

Chierchia, G. 1998a Plurality of mass nouns and the notion of 'semantic parameter'. In Susan Rothstein (ed.) *Events and Grammar*. 53-103. Kluwer Academic Publishers, Dordrecht.

Chierchia, G. 1998b Reference to kinds across languages. *Natural Language Semantics* 6, 339-404.

Cresswell, M. J. 1996 The semtantics of degree. In B. Partee (ed.) *Montague Grammar*. Academic Press, New York.

Dowty, R. D. 1979 *Word Meaning and Montague Grammar*. D. Reidel Publishing Company, Dordrecht.

Dowty, R. D., R. E. Wall and S. Peters. 1981. *Introduction to Montague Semantics*. D. Reidel Publishing Company, Dordrecht. (井口省吾他（訳）1987 『モンタギュー意味論入門』三修社、東京.)

Groenendijk, J. & M. Stockhof 1991 Dynamic Predicate Logic. *Linguistics and Philosophy* 14, 39-100.

Heim, I. & A. Kratzer 1998 *Semantics in Generative Grammar*. Blackwell Publishers, Massachusetts.

Heim, I. 1982 *The Semantics of Definite and Indefinite Noun Phrases*. Ph.D. dissertation, University of Massachusetts.

Higginbotham, J. 1997 The semantics of questions. In S. Lappin (ed.) *The Handbook of Contemporary Semantics*, 361-383. Blackwell Publishers, Massachusetts.

Hsieh, M.-L. 1992 Analogy as a type of interaction: the case of verb copying. *Journal of Chinese Language Teachers Association* 3, 75-92.

Kamp, H. 1975 Two theories of adjectives. In E. Keenan (ed.) *Formal Semantics of Natural Language,* 123-155. Cambridge University Press, Cambridge.

Karttunen, L. 1977 Syntax and semantics of questions. *Linguistics & Philosophy* 1, 3-44.

Kennedy, C. 1999 *Projecting the Adjective*. Garland Publishing, New York.

Klein, E. 1980 A semantics for positive and comparative adjectives. *Linguistics and Philosophy* 4, 1-45.

Kratzer, A. 1977 What 'must' and 'can' must and can mean. *Linguistics and Philososhy* 1, 607-653.

Krifka, M. 1995 Common nouns: A contrastive analysis of Chinese and English. In G. N. Carlson & F. J. Pelletier (eds.), *The Generic Book*, 398-411. The University of Chicago Press, Chicago.

Lewis, D. 1975. Adverbs of quantification. In E. Keenan (ed.) *Formal Semantics of Natural Language,* 3-15. Cambridge University Press, Cambridge.

Li, C. N. & S. A. Thompson 1981. *Mandarin Chinese*. University of California Press, Berkley.

Li, Y.-H. A. 1990 *Order and Constituency in Mandarin Chinese*. Kluwer Academic Publishers, Dordrecht.

Li, Y.-H. A. 1999 Plurality in a classifier languange. *Journal of East Asian Linguistics* 8, 75-99.

Link, G. 1983 The logical analysis of plurals and mass terms: A lattice-theoretical approach. In R. Bäuerle et. al (eds.) *Meaning, Use, and the Interpretation of Language*, 303-323. Walter de Gruyter, Berlin.

Liu, X. 1995 *On The Verb Copying Construction in Mandarin Chinese*. Ph.D. Dissertation, University of Minnesota.

Partee, B. H. 1995 Lexical Semantics and Compositionality. In L. R. Gleitman & M. Liberman (eds.) *Language. (An Invitation to Cognitive Science Vol. 1)*, 311-360. The MIT Press, Masachusetts.

Seuren, P. A. M. 1973 The comparative. In F. Kiefer & N. Ruwet (eds.), *Generative Grammar in Europe*. D. Reidel Publishing Company, Dordrecht.

Sharvy, R. 1978 Maybe English has no count nouns: Notes on Chinese semantics. *Studies in Language* 2.3, 345-365.

Sharvy, R. 1980 A more general theory of definite descriptions. *The Philosophical Review* 89, 607-624.

Tai, J. H-Y. 1984 Verbs and times in Chinese: Vendler's four categories. *CLS*, Papers from the parasession on lexical semantics, 289-296.

Tsao, F.-F. 1987 On the so-called 'verb-copying' construction in Chinese. *Journal of Chinese Language Teachers Association* 22-2, 13-43.

Tsao, F.-F. 1990 *Sentence and clause structure in Chinese: A functional perspective*. Student Books, Taipei.

Vendler, Z. 1967 *Linguistics in Philosophy*. Cornell University Press, Ithaca.

von Stechow, A. 1984 Comparing semantic theories of comparison. *Journal of Semantics* 3, 189-199.

Yang, R 2001 *Common Nouns, Classifiers, and Quantification in Chinese*. Ph.D. Dissertation, Rutgers University.

＜日本語＞

荒川清秀 1982 「中国語動詞に見られる幾つかのカテゴリー」『愛知大学文学論叢』67輯、344-369。

伊藤さとみ 2001a 「『白鞋』と『雪白一双鞋』」『中国語学』第248号、244-258。

伊藤さとみ 2001b 「中国語の名詞の指示対象」『京都大学言語学研究』第20号、139-170。

伊藤さとみ 1997 「中国語におけるアスペクト役割と文中の位置について」日本言語学会第115回大会にて発表。

伊藤さとみ 1999 「現代中国語の二十数量表現」日本言語学会第119回大会にて発表。

伊藤さとみ 2001 「汉语的完句成分」現代中国語研究会五月例会にて発表。

伊藤さとみ 2002 「汉语的复数名词」国際中国語言学学会第11回年会にて発表。

大河内康憲 1985 「量詞の個体化機能」『中国語学』第232号、1-13。

讃井唯允 1986 「集合概念をあらわす名詞の意味と統語法」『人文学報』第180号、1-15。

杉村博文 1995 「"这"による指示の諸相」『中国語』6月号、61-67。

中川正之 1973 「二重目的語文の直接目的語における数量限定詞について」『中国語学』第218号、19-22。

中川正之 1982 「中国語の名詞」『未名』第2号、129-141。

中川正之・杉村博文 1975 「日中両国語における数量表現」『日本語と中国語の対照研究』第1号、19-22。

中川正之・李凌哲 1990 「日中両国語における数量表現」大河内康憲編『日本語と中国語の対照研究論文集』95-116。くろしお出版、東京。

町田茂 1992 「動詞-賓語-動詞＋得-程度補語式の文法形式」『中国語学』第239号、86-96。

宮島達夫 1994 『語彙論研究』むぎ書房、東京。

山添秀子 1998 「"V个O"形式における"个"の意味的・文法的機能」『中国語学』第245号、142-152。

＜中国語＞

陈平 1987 〈释汉语中与名词性成分相关的四组概念〉《中国语文》第2期，81-92.

丁恒顺 1989 〈N1+V得+NP2+VP句式〉《中国语文》第3期，191-192。

丁声树等 1979 《现代汉语语法讲话》 商务印书馆，北京。

范开泰　1991　〈与汉语名词项的有定性有关的几个问题〉《语法研究和探索六》，104-115。语文出版社，北京。

郭锐　1997　〈过程和非过程－汉语谓词性成分的两种外在时间类型〉《中国语文》第1期，162-175。

贺阳 1994〈汉语完句成分试探〉《语言教学与研究》第4期，26-38。

胡明扬、劲松 1989〈流水句初探〉《语言教学与研究》第4期，42-54。

黄南松　1994　〈试论短语自主成句所应具备的若干语法范畴〉《中国语文》第6期，441-447。

金廷恩 1999〈汉语完句成分说略〉《汉语学习》第6期，8-13。

竟成 1996〈汉语成句过程和时间概念的表述〉《语文研究》第1期，1-5。

孔令达　1994　〈影响汉语句子自足的语言形式〉《中国语文》第6期，434-442。

李宇明　1988　〈动宾结构中的非量词'个'〉《语言论集三》46-55。外语教学与研究出版社，北京。

李炜　1991　〈V个N结构〉《语法研究和探索六》158-165。语文出版社，北京。

刘月华，藩文娱，故韦华1983《实用现代汉语语法》外语教学与研究出版社，北京。（相原茂監訳1996『現代中国語文法総覧』くろしお出版、東京。）

龙果夫，A. A. 1952　《现代汉语语法研究》科学出版社，北京。

陆俭明 1988〈现代汉语中数量词的作用〉《语法研究和探索三》172-186。北京大学出版社，北京。

吕叔湘 1945〈个字的应用范围，附论单位词前的一字的脱落〉《汉语语法论文集第二卷》145-175。科学出版社，北京。

吕叔湘主编1980《现代汉语八百词》商务印书馆，北京。

秦礼君 1985〈"关于"动＋宾＋动重＋补"的结构形式〉《语言研究》第2期。

沈家煊 1995〈有界与无界〉《中国语文》第5期，367-380。

石毓智1991〈现代汉语的肯定性形容词〉《中国语文》第3期，167-174。

石毓智1992《肯定和否定的对称与不对称》学生书局，台北。

张谊生　2001　〈'N'＋'们'的选择限制与'N们'的表义功用〉《中国语文》第3期，201-211。

赵元任 1967 *A Grammar of Spoken Chinese*. University of California Press, Berkley.（丁邦新译 1994《中国话的文法》学生书局，台北。）

朱德熙 1956〈现代汉语形容词研究〉《语言研究》第 1 期、83-111。

朱德熙 1982《语法讲义》商务印书馆，北京。

あとがき

　本書は、平成16年9月に京都大学大学院人間・環境学研究科に提出した博士論文に幾つか加筆修正したものである。

　中国語と言う言語を、形式意味論的にとらえようという試みに挑んだものの、例文容認度のゆれや、自身の形式意味論の理解が足りないことなどの困難があり、志を果たしたとは言いがたい。本書の中にも、分析の手始めとしか言えない部分は多く、今後研究を続けていく必要があると思っている。

　序文に東郷先生が書いておられたように、大学院入学のころは、機能的分析に興味があり、修士論文も中国語の存現文について、談話の中での役割に注目して分析をしている。だが、機能的・談話的観点からだけでは説明のつかない言語現象の問題、また談話とは何かといった本質的な問題に悩まされ、統語的制約も談話的制約も一つの枠組みで扱える形式意味論の方法に方向転換することになった。私を悩ましていた問題が完全に解決できたわけではないが、解決の可能性は示せたのではないかと考えている。

　本書の原形となる博士論文を完成させるに当たっては、多くの人の励ましと支援を受けた。議論の内容については、主査の東郷雄二先生を始め、副査として審査に関わって下さった大木充先生、山梨正明先生、平田昌司先生、田窪行則先生のご指導をいただいた。論の構成の仕方から、細かな間違いまで、丁寧に御指導いただいたことを感謝したい。また、中国語の例文のチェックには、たくさんの中国人留学生にお世話になった。特に、王志英さんには、ほとんどすべての例文をチェックしていただいたことに感謝したい。なお、本書の内容の多くが、日本中国語学会、日本言語学会、現代中国語研究会で発表したものであり、発表時には多くの方から貴重なご意見をいただいた。発表の機会を与えて下さったこれら学会と研究会の参加者のみなさんにも、心から感謝したい。もちろん、本文中の誤りはすべて筆者の責任によるものである。

　最後に、本稿を脱稿した直後に、父が事故により逝去した。一生涯、英語への興味を失わず、常に本と辞書を持ち歩き、また、学問だけでなくいろいろなことに旺盛な好奇心を持ち続けた人であった。私が大学で言語学を志したのも、失語症を患いながらも言葉への興味を失わない父の姿によるところが大きい。また、このあとがきを書いている間も、母は同じ事故によるけがで入院中であるが、私の長い大学院生活と不安定

な非常勤講師時代を精神的・経済的に支えてくれた父と母には、言葉に言い尽くせないほど感謝している。母には、将来、別の本を捧げることを約束して、この本は天国にいる父に捧げたい。

　なお、この本は、日本学術振興会平成17年度科学研究費補助金(研究成果公開促進費)学術図書の交付を受けて出版されている。

【著者紹介】

伊藤 さとみ (ITO Satomi)

琉球大学法文学部 国際言語文化学科 助教授

現代中国語に見られる
単数／複数／質料の概念

2005年10月29日　発行

- ■著　者　　伊藤さとみ
- ■発行人　　尾方敏裕
- ■発行所　　(株)好文出版
  〒162-0041 東京都新宿区早稲田鶴巻町540 林ビル3F
  TEL. 03-5273-2739 FAX.03-5273-2740
  http://www.kohbun.co.jp
- ■表　紙　　レミントン社
- ■制　作　　日本学術書出版機構（JAPO）
- ■印　刷　　音羽印刷株式会社

© 2005　Satomi Ito　Printed in Japan　ISBN4-87220-102-7